〔法〕阿尔贝·加缪 著　梁若瑜 译

快乐的死

Albert Camus
La mort heureuse

上海文艺出版社
Shanghai Literature & Art Publishing House

目 录

第一部　自然的死　*1*

第二部　有意识的死　*57*

第一部

自然的死

第一章

　　上午十点,帕特里斯·梅尔索稳步走向萨格勒斯的别墅。这个时间,看护出门买菜,家中无旁人。时值四月,是个明亮而冷冽的美丽春天早晨,晴朗而冰冷的天空,挂着灿烂但毫无暖意的大太阳。别墅附近,山丘上林立的松树之间,清净的光芒顺着树干流泄而下。沿路空无一人。这条路是缓升坡。梅尔索手里提着行李箱,于世间壮丽的这一天踏在冰冷的道路上,在短促的脚步声以及行李箱把手规律的嘎吱声中,他前进着。

　　快到别墅之前,这条路通达一个设有长椅和绿地的小广场。灰色的芦荟间掺杂着提早开花的红色天竺葵,蔚蓝的天空和涂了白色灰泥的篱笆墙,这一切如此新鲜又动人,梅尔索忍不住驻足了一会儿，才再踏上通往萨格勒斯别墅的下坡小路。到了门口，他停在原地，戴上手套。他打开那残疾人向来刻意开着的门，然后顺势将门关上。他步入长廊，来到左侧第三道门前，敲门进去。萨格勒斯就在里面，两条残腿上盖着一条格子毯。他人在壁炉旁，就坐在沙发上，亦即梅尔索两天前坐的那个位子。萨格勒斯正在阅读，书本放在毯子上。他瞪大了双眼，直盯着现在站在关上了门的门口的梅尔索，眼中丝毫不见惊讶之意。窗帘是拉开的，地上、家具上，以及物品之间，洒落着几摊阳光。窗外，早晨在金黄而冷冽的大地上欢笑着。一股冰冷的喜悦、群鸟不安的嗓子所发出的尖锐叫声，以及丰沛满溢的无情光芒，使早晨显得天真无辜而真实。梅尔索站在那里，房间内的闷热直扑他的喉咙和双耳。尽管气温变暖了，萨格勒斯仍让壁炉燃烧着熊熊烈火。梅尔索感到血液冲上太阳穴，在耳垂怦怦跳着。对方依然不发一语，只以目光注视他的一举一动。梅尔索走向壁炉另一侧的矮柜，不顾那残疾人，径自把行李箱放在桌上。他感觉脚踝隐隐颤抖着。他停下脚步，点了根烟。因为戴着手套，点起烟来不由得有些笨拙。背后传来模糊的声响。他嘴里叼着烟，转过身来。萨格勒斯依然盯着他，但刚把书合上。梅尔索感觉到炉火几近灼痛地烤着他的膝盖。他看了看那本书的书名——巴尔塔沙·葛拉西安所著的

《智慧书》。他低头毫不犹豫地把矮柜打开。黑色手枪熠熠发亮，宛如一只优雅的猫镇着萨格勒斯的那封白色的信。梅尔索左手拿起信，右手拿起枪。犹豫了片刻后，他把枪夹到左腋下，把信拆开。里头仅只一张大张的信纸，纸上寥寥几行萨格勒斯偌大刚硬的字迹：

  我只不过是灭除了半个人而已。还请见谅。小矮柜里的，用来偿付服务我至今的人员，应绰绰有余。此外，我并希望该笔款项能用于改善死囚的伙食。但我亦深知此乃奢求。

梅尔索一脸肃然，把信纸折好。此时，香烟的烟熏痛了他的眼睛，些许烟灰掉落在信封上。他把信抖了抖，放到桌上显眼的地方，随即转向萨格勒斯。萨格勒斯现在凝视着信封，他短而粗壮的双手搁在书本旁。梅尔索低头转动矮柜里小保险箱的钥匙，从里面取出一捆捆纸钞。纸钞用报纸包裹着，只看得到纸钞的末端。他一手夹着枪，单手将钞票一一放入行李箱。柜里百张一捆的纸钞不到二十捆，梅尔索发现自己带来的箱子太大了。他在柜里留下一捆一百张的纸钞。盖上行李箱后，他把抽了一半的烟扔入炉火，然后右手握着枪，走向那残疾人。

萨格勒斯现在望着窗外。可以听到一辆汽车缓缓从门前经过，发出轻微的磨合声。萨格勒斯一动也不动，似乎正尽情端详着这个四月早晨与人无涉的美感。感觉到枪口抵着自己的右太阳穴时，他并未移开目光。梅尔索望着他，发现他眼里满是泪水。梅尔索闭上了双眼。他后退了一步，然后开枪。他依然紧闭着双眼，靠墙站了一会儿，感觉到耳朵处的血液仍怦怦跳着。他看了看。那颗头倒向左肩，身躯几乎未歪斜，只是萨格勒斯已不复见，只看得到一个巨大伤口上鼓胀的脑浆、颅骨和鲜血。梅尔索开始打哆嗦。他绕到沙发的另一侧，匆忙拿起萨格勒斯的右手，让它握住手枪，把它举到太阳穴的高度，再任它垂落。枪掉到沙发的扶手上，再掉到萨格勒斯的腿上。在这过程中，梅尔索看了看萨格勒斯的嘴巴和下巴，萨格勒斯的表情就和他刚才望着窗外时一样地严肃而悲伤。这时，门外响起一声尖锐的喇叭声。这不真实的召唤又回荡了一次。梅尔索依然低头望向沙发，不为所动。一阵汽车车轮转动声，意味着肉贩离去了。梅尔索拎起行李箱，把门打开，金属门栓被一束阳光照得闪闪发亮。他旋即头昏脑涨口干舌燥地走出房间。他打开大门，大步离开。四下无人，仅小广场角落有一群孩童。他逐渐远离。抵达广场时，他顿时意识到气温的寒冷，身体在薄西装外套下瑟瑟发抖。他打了两次喷嚏，小山谷里回荡起嘲笑般的清晰回音，在清澈的天空中愈送愈高。他脚步有些踉跄，暂时驻足，用力呼吸。从蓝色的天际降下千千万万个白色小微笑。它们嬉戏在仍满是雨水的叶子上、巷弄里濡湿的石板上，飞向鲜红色屋瓦的房舍，再拍翅向上，飞向它们刚刚才从中满溢出来的空气和阳光之湖。在那上方飞行着一架极小的飞机，传来一阵轻柔的隆隆声。在空气如此奔放而天空如此富饶之下，似乎人唯一的任务就是要活着且活得快乐。梅尔索内心的一切静止了。第三个喷嚏撼醒了他，他感觉自己似乎因发烧而战栗着。于是在行李箱的嘎吱声和脚步声中，他未环顾四周便逃跑了。回到家里，他把行李箱丢在角落，旋即躺到床上，睡到下午三四点。

第二章

　　夏天让港口尽是喧哗和阳光。时间是十一点半。太阳仿佛从中央剖开来，以极其沉重的暑气压迫着码头堤道。阿尔及尔商会的货棚前，一艘艘黑色船身、红色烟囱的货轮正把一袋袋麦子装上船。细微尘埃的芬芳，融入炽热太阳孵烤出来的柏油的厚重气味中。在一艘散发着油漆和茴香酒清香的小船前，一些人正喝着酒，几名穿着红色紧身衣的阿拉伯杂耍艺人，在发烫的石板地上一而再、再而三地翻转身体，阳光也在一旁的海面上跳跃着。扛着货袋的码头工人未理会他们，径自踏上从码头跨向货轮甲板的两块富有弹性的长条木板。到了上方，工人身后的背景顿时只剩下天空和海湾。他们身处在数座卷扬机和船桅之间，停下来片刻，心旷神怡地面向天际，两眼炯炯有神，脸上覆盖着一层白色的厚厚的汗水与尘土，然后才不假思索地潜入弥漫着沸热鲜血气味的底舱。在酷热的空气里，一阵阵尖锐的鸣笛声不绝于耳。

长条木板上，工人忽然停下脚步，乱成一团。他们中的一人跌落到厚木板之间，幸好厚木板排列很密，托住了他。但他的手臂折到了背后，被那袋很重的货物压断了。他痛苦地哀嚎着。这时，帕特里斯·梅尔索从办公室出来了。一到门口，酷暑便令他窒息。他吸入了满口的柏油热气，喉咙像被刮了一般，然后走到码头工人那头。他们已将伤者抬出来，他倒卧在木板和尘土之间，嘴唇因痛楚而发白，手肘上方断了的手臂就这么垂着。一截碎骨从皮肉中穿出，可怕的伤口淌着血。鲜血沿着手臂回旋流下，一滴一滴落在发烫的石板上，发出微小的嗞嗞声，轻烟自滴落处缓缓升起。梅尔索静静不动地望着鲜血，忽然有人拉他的手臂。是埃曼纽，那个"跑腿的小伙子"。他向梅尔索指了指一辆正朝他们开来、引擎发出轰隆巨响的卡车。"走吧？"梅尔索开始奔跑。卡车从他们面前经过。他们立即追上去，很快被淹没在噪音和飞扬的尘土中，气喘吁吁，视线不清，心神的清楚程度只够感觉到在卷扬机和其他机具的狂乱节奏中，自己被狂奔的冲劲带动着，伴随着的还有海平线上船桅的舞动，以及他们经过的有着麻风病皮肤般船身的船的摇晃。梅尔索对自己的体力和弹跳力很有自信，他率先施力，一跃而上；他协助埃曼纽跃上车斗。两人坐下来，垂着双腿。于是在白蒙蒙的尘土、从天降下的光亮暑气、艳阳，和由满是船桅和黑色起重机的港口所构成的巨大神奇场景中，卡车急速远离。行经高低不平的堤道路面时，梅尔索和埃曼纽的身体颠簸不已，他们笑得上气不接下气，一切都让他们感到迷炫。

抵达贝尔库后，梅尔索和埃曼纽下了车。埃曼纽唱着歌，声音又大又走音。"你知道的，"他对梅尔索说，"是自然而然从胸口涌出来的。我高兴时会这样，去玩水时也会这样。"的确如此。埃曼纽总是一面游泳一面唱歌，歌声因水压而变得低沉，在海上是听不到的，但和他短而健壮的手臂动作节奏一致。他们取径里昂街。梅尔索昂首阔步。他身材高大，摆动着宽而厚实的肩膀。他跨步登上人行道的姿态，和优雅地扭腰避开挡住了他的人群的模样，可以使人感觉得出这个躯体特别年轻且有活力，能够带领它的主人体验最极致的肢体享受。休息时，他像刻意展现身体柔软度似的，全身只倚放于单侧臀部，像个透过运动已然明了自己身体风格的人一样。

他的双眼在略显突起的眉框下闪烁着，一面和埃曼纽聊着，圆滑而灵活的嘴唇嚅了起来。他下意识地拉了拉领口，让脖子透透气。他们走进惯常去的餐馆。他们坐下来，默默用餐。晒不到太阳的室内凉爽许多。有苍蝇声、盘子碰撞声，以及交谈声。老板谢雷思特朝他们走过来。他身材高大，留着八字胡。他撩起围裙抓了抓肚子，再任围裙垂落。"还好吗？"埃曼纽问。"和老人一样。"他们寒暄闲聊。谢雷思特和埃曼纽交换了几声惊叹的词语，互相拍了拍肩膀。"其实老人呀，"谢雷思特说，"他们有点蠢。他们说五十岁的男人才是真正的男人，但这是因为他们自己五十几岁了。我呀，有个朋友，他只要能和儿子在一起就很快乐。他们一起出去玩，到处找乐子。他们也去赌场，我朋友说：'干吗要我和一群老人出去？他们每天尽说自己吃了泻药，或说肝在痛。我还不如跟儿子出去。有时他去泡妞，我便假装没看见，自己去搭电车。再见，多谢了，我玩得很开心。'"埃曼纽笑了。"当然，"谢雷思特又说，"他不是什么显赫人物，但我挺喜欢他。"接着他又对梅尔索说："我宁可这样，也不喜欢我以前的一个朋友那样。他成功了以后，跟我说话头总抬得老高，相当做作。现在他没那么傲气了，他什么都没了。"

"活该。"梅尔索说。

"咳,做人也别太苛刻了。他及时把握住好机会,那样是对的。他弄到了九十万法郎哪……唉!如果是我多好!"

"你会怎么做?"埃曼纽问。

"我会买一栋小木屋,在肚脐上涂一点胶水,再插一面旗子。这样我就能等着看风从哪边吹来。"

梅尔索安安静静地吃着。后来埃曼纽向老板聊起他在法国马恩省打过的那场战役。

"我们这些佐阿夫[1]呀,被编入轻步兵营……"

"你烦死人了。"梅尔索冷淡地说。

"指挥官说:'冲呀!'我们就走下去了,那里像壕沟,只有一些树。他们叫我们把枪上膛,但眼前一个人也没有。我们就这样往前一直走,一直走。忽然间一堆机关枪朝我们乱扫,所有人统统倒地,跌叠在一起。死伤的人好多好多,壕沟里血流成河,都能划小船了。有些人大喊:'妈!'太凄惨了。"

梅尔索站起来,把餐巾打了个结。老板去厨房门后面记下他的餐点。门是老板的账本。有异议时,他就把门整片拆下来,把账目扛出来。老板的儿子贺奈,在角落吃着水煮蛋。"可怜的家

---

[1] 佐阿夫(zouave),法国军队中的轻步兵,一八三一年于阿尔及利亚成军,成员原为阿尔及利亚人,后全改为法国人。

伙，"埃曼纽说，"他的胸口有毛病。"的确如此。贺奈通常沉默又严肃。他并不太瘦，眼神很明亮。此时，一位客人正向他解释说肺结核"只要愿意花时间仔细治疗，是可以痊愈的"。他频频点头，一面吃一面凝重地应着。梅尔索走到吧台坐在他旁边，点了杯咖啡。那客人继续说："你认不认识尚・佩雷兹？就是瓦斯公司的那个。他死了。他只是肺有毛病，但他坚持出院回家。家里有老婆，而他当老婆是匹马。生病害他变成那样。你知道，他总是在他老婆身上。她不愿意，但他凶得很。结果每天都来个两三回，生病的人就这么没命了。"贺奈嘴里含着一块面包，不禁停止咀嚼，愣望着对方。"是呀，"他终于说，"坏事来得快，但去得慢。"梅尔索在满布雾气的大咖啡壶上用手指写着自己的名字。他眨了眨眼睛。从这个静默寡言的肺结核病人，到满腔歌声的埃曼纽，梅尔索的生活每天在咖啡味和柏油味之间来回摆荡，与他自身很疏离，他漠不关心，也远离了他陌生的心和真相。相同的事情，在其他情况下本该深深吸引他，现在他却不想再谈论，因为他正亲身体验着它们，直到他回到房间，用尽全身的力气和谨慎，去灭熄在自己内心燃烧的生命之火。

"梅尔索，你比较有素养，你倒是说说。"老板说。

"够了，改天再说。"梅尔索说。

"哟，今天早上是吃狮子了你。"

梅尔索微微一笑，从餐馆出来，过马路，上楼回到自己的房间。他的房间位于一家马肉铺楼上。从阳台向外探头，就能闻到血腥味，还能看到招牌上写着："人类最高贵的战利。"他躺在床上，抽了根烟，随即入睡。

他待的这个房间，是昔日母亲的房间。他们在这个三房的小公寓已住了很久。只剩下他一人后，他便把另两个房间租给朋友介绍的一位制桶匠，制桶匠和他姐姐一起住；他自己则保留了最好的房间。他母亲死时五十六岁。她长得美，以为可以凭着美貌过上好日子、大放光彩。年约四十时，她得了一场重病。她无法再穿华服、施脂粉，只能穿病人服，脸庞因可怕的浮肿而变形，双腿水肿使她不便于行走，整个人毫无活力，最后变得半瞎，只能在毫无色泽、无力整顿的屋子里盲目摸索。最后一击既突然又短暂。她原本即有糖尿病，但她不以为意，满不在乎的生活方式又加重了病情。他不得不中断学业，工作赚钱。直到母亲死以前，他仍持续阅读和思考。十年期间，生病的母亲忍受着这种生活。这场折磨历时太久，周围的人都习惯了这场病，并忘了病情若太严重可能会致命。某天，她死了。附近的人很同情梅尔索。大家对葬礼很是期待，纷纷谈起这位儿子对母亲的深厚情感，也恳请远房亲戚切勿哭泣,以免徒增梅尔索的哀伤。大家请求他们要保护他,要多关心他。他呢,穿上自己最好的行头,手里拿着帽子,注视着一切筹备事宜。他跟随了送殡队伍,参与了宗教仪式,撒了那一撮土,也和许多人握了手。对于载送宾客的车辆这么少,他仅这一次感到意外并表达了不满。仅只一次而已。隔天,公寓的一扇窗户即出现一张告示:"出租"。如今,他住在母亲的房间。以前,尽管贫穷,有母亲伴随,自有一种温馨感。晚间,他们聚在一起,在煤油灯旁静静地吃东西,这种简约和静谧,有一种隐而不宣的幸福感。四周的巷弄安静无声。梅尔索望着母亲无奈的嘴,他笑了。她也笑了。他继续吃饭。灯有点冒烟。母亲以相同的疲惫手势调整灯,即仅伸长右手,身体往后仰。"你不饿了。"稍后她说。"不饿了。"他或抽烟或阅读。前者情形时,母亲会说:"又抽烟!"后者情形则说:"把灯拉近一点,不然眼睛要坏了。"如今,孤独一人的贫穷,却是一种悲惨的不幸。每当梅尔索哀伤地想起逝去的母亲,其实他是在可怜自己。他大可另找更舒适的住所,但他割舍不下这栋公寓和它贫穷的气味。在这里,至少他还能回到昔日的记忆,而在他刻意低调隐匿自己的人生中,这种沉重而漫长的对照,让他得以在悲伤和懊悔的时刻继续存活。他保留了门上的一块灰色纸板,纸板边缘已起毛,上面有母亲用蓝色铅笔写着的他的名字。他留下了那张铺着锦缎的老铜床,以及祖父的肖像。祖父留着短胡子,浅色的眼珠静静不动。壁炉上,有一座停摆的老时钟,周围环绕着男男女女的牧羊人摆饰,还有一盏他几乎从不点燃的煤油灯。略微凹陷的麦秆编椅、镜面泛黄的衣柜,和缺了一角的盥洗小桌[1],这些令人退避的景象,对他而言不存在,因为习惯早已将一切磨蚀殆尽。他这样是漫步在一个影子般的公寓里,完全不需耗费力气。若换了别的房间,他势必要重新习惯,也必须挣扎一番。他想要尽量减少自己在世上的面积,并沉睡到一切耗尽为止。基于这个目的,这房间很适合他。它一侧面向马路,一侧面向一个总是晾满衣物的阳台,阳台再过去一些则是几片由高墙围着的狭小橘树果园。偶尔,夏天夜里,他让房间一片漆黑,并打开面向阳台和阴暗果园的那扇窗。随着夜愈来愈深,浓郁橘树的气味飘上来,如薄围巾般揽住他。整个夏夜,他的房间,乃至于他自己,都沉浸在既扑朔迷离又浓烈的芳香中,仿佛了无生气了好几天后,他首度打开自己的人生之窗。

他醒来时满嘴睡意,浑身大汗。时候很晚了。他梳了梳头发,

---

[1] 自来水尚未普及的年代,卧室里的盥洗小桌常配有大水壶和水盆,乃至镜子,供梳妆盥洗。

冲下楼去，跳上电车。两点零五分时，他已在办公室内。他的工作场所是个大厅堂，四面墙壁共有四百一十四格柜架，均叠满了卷宗。这厅堂既不脏也不阴森，但终日让人感觉像个骨灰存放处，死去的时光在此腐化。梅尔索核对提领单、翻译英国船只的补给品清单，三点到四点之间接待欲寄送包裹的客人。当初应征的这个工作，他其实并不喜欢。但起先，他觉得这不失为一道通往人生的出口。这里有许多富有活力的脸孔，有熟人，有一条通道和一阵气息，让他终于感觉得到自己的心跳。他借此逃离了办公室组长朗格卢瓦先生和三位打字小姐的脸孔。其中一位打字小姐长得挺漂亮，不久前刚结婚。另一位与母亲同住。还有一位则是年长的赫碧雍女士，为人健朗又有骨气；梅尔索喜欢她华丽的辞藻，和她对于朗格卢瓦所谓的"她的不幸"的内敛态度。朗格卢瓦与赫碧雍女士曾数度交锋，每次总是她胜出。她瞧不起朗格卢瓦，因为汗水常使他的裤子紧贴着屁股，也因为他一见到主任就慌乱不已，有时在电话里一听到某位律师或状似名气响亮人物的名字，他也会紧张。这个可怜的家伙总努力亲近赫碧雍女士，或试着讨好她，但徒劳无功。这天晚上，他在办公室里晃来晃去。"赫碧雍女士，您也觉得我这个人不错吧？"梅尔索翻译着英文"蔬果，蔬果"，一面望着头上的灯泡和绿色纸板折成的灯罩。他面前有一份色彩鲜艳的日历，日历上的图是远洋渔民[1]的朝圣节[2]。濡指台、吸墨纸、墨水和标尺在他桌上一字排开。从他的窗户可看到由黄色和白色货轮自挪威运来的成堆大型木材。他竖起耳朵听。墙壁外面，人生在海上和港口无声而深沉地一次次呼吸，离他既遥远又贴近……六点的钟声释放了他。这天是星期六。

回到家里，他躺到床上，睡到晚餐时间。他煎了几个蛋，未装盘就直接从锅子里吃掉（没配面包，因为他忘了买），然后躺下来，立刻睡着，睡到隔天早上。他于快要午餐前醒来，梳洗完毕，下楼用餐。回来后，他填了两个字谜游戏，小心翼翼剪下一幅库鲁申食盐的广告，贴入一本已贴满了广告上那位下楼梯逗趣老爷爷图片的簿子里。完成这件事后，他洗了洗手，去阳台。下午天气很好。不过路面油腻肮脏，路人稀少且行色匆匆。他仔细凝视每个路人，直到那人出了视线范围，再找个新的路人继续凝视。最初是外出散步的一家人，两个小男孩穿着水手装，短裤到膝上，拘束的衣着令他们姿态僵硬；还有个小女孩打着粉红色大蝴蝶结，穿着黑色亮皮皮鞋；他们后方的母亲一身咖啡色丝质长

---

[1] 远洋渔民（Terra–Neuvas），指十六至二十世纪间，每年自欧洲沿岸远赴加拿大捕猎鳕鱼的渔民。
[2] 朝圣节（le pardon），法国不列颠地区的传统天主教庆典。

裙，长得脑满肠肥；父亲手持拐杖，较为斯文。稍后经过的是住在这一带的几个年轻人，头发抹着发油，红色领带配上非常合身、有镶边小口袋的西装外套，脚上穿方楦头皮鞋。他们要去市中心的电影院，正赶着搭电车，嘻笑得非常大声。他们之后，街头逐渐空旷。各处的表演已经开始。现在这一带只剩看店的店主和猫了。街道沿线榕树上方的天空尽管晴朗，却无光泽。梅尔索对面的烟商，拉了张椅子到自家小铺门口，跨坐到椅子上，双手抵着椅背。刚才人满为患的电车，现在几乎空空荡荡。皮埃罗小咖啡馆里，服务生在无人的店内清扫着地上的尘屑。梅尔索学烟商那样，把椅子反过来坐，连抽了两根烟。他回到房间里，掰了一块巧克力，回到窗边吃。不久天色变暗，随即又拨云见日。但来了又走的云，仿佛在街头留下了必将下雨的承诺，使街上显得暗沉。五点时，电车在喧闹中抵达，从郊区的体育馆载回一群又一群站在踏板上和倚着栏杆的足球观众。之后的电车则是载回球员，由他们所提的小箱子即可轻易辨认。他们大声地又喊又唱，说他们的队伍不会完蛋。好几个人向梅尔索打招呼。其中一人高喊："我们痛宰了他们！"梅尔索只摇了摇头说："是呀。"车辆愈来愈多。有些车在挡泥板和保险杆上插满了花。接着，这一天又迈进了一些。屋顶上方的天空染上一层红。暮色降临之际，街上又热闹起来。散步的人回来了。累了的孩子,有的哭闹,有的由大人牵着走。此时,附近电影院散场的观众如潮水般涌入街上。梅尔索看到,年轻人出来时果决而夸大的手势,无异如旁白般暗示着他们看了一部冒险片。从市区戏院回来的人则较晚才到。他们神情比较严肃,笑声和喧闹之间,在眼神中和姿态上,仿佛又浮现出对电影里看到的光鲜亮丽生活的怀念。他们流连街头,来来往往。梅尔索对面的人行道上,最后形成了两股人潮。未戴帽子而互揽着彼此手臂的妙龄女子,构成了其中一股人潮。另一股是年轻男子,说出一些玩笑话,听得她们笑着别过头去。严肃的人们走进咖啡馆,或一群一群站在人行道上,流水般的人潮如绕过小岛屿那样绕过他们。街道现在灯火通明,电灯使夜空乍现的星星相形失色。梅尔索下方的人行道满载着长长的人潮。灯光照得油腻的路面发亮,远方的电车不时把光线投射在秀发上、湿润的嘴唇上、一抹微笑上,或一条银手链上。不久,电车班次减少,树木和路灯上方的天空已黑,巷弄无形之间空荡了,首度有猫缓缓穿越再次空无一人的街头。梅尔索思量着晚餐的事。由于抵靠着椅背太久,他的脖子有点酸。他下楼买了面包和面条,自己煮了吃。他回到窗边。许多人步出户外,天气转凉了。他打了个寒战,关上窗户,回到壁炉上方的镜子前。除了某些晚上马莎来家里找他,或他和她出去,或他和突尼斯那些女性朋友往来以外,在这盏肮脏煤油灯和几块面包摆在一起的房间,他的一生都呈现在镜中的泛黄画面里。

"又熬完一个星期天。"梅尔索说。

第三章

　　梅尔索晚间在街头漫步，看到光影映照在马莎脸庞上时，他自豪地感觉一切都显得无比容易，一如自己的力量和勇气。她每天细腻如醉般倾倒给他的这份美，他很感谢她愿意在他身旁公开地展露出来。若马莎黯淡无光，他必会像看到她向其他男人投怀送抱一样地痛苦。他很高兴今晚和她一起走进戏院，当时影片即将开始，厅内已几乎坐满。她在各方仰慕的目光中，走在他前头，一脸的秀丽和笑容，美不胜收。他则手拿着帽子，感到一种超然的自在，仿佛自内心意识到自己本身的优雅。他表露出一种疏远而认真的神情。他过度礼貌，自己后退让女带位员先过，在马莎坐下之前先替她把座椅放下。他做这些不是为了展现什么，而更是因为心中的感激让他心情澎湃,对所有的人都充满了爱。如果他给了女带位员过于大方的小费,那也是因为他不知该如何偿付自己的喜悦。他乃是透过日常的举动,崇拜着一位女神,她的灿烂笑容映在他眼中闪耀着光芒。中场休息,在墙上铺满了镜子的休息室内走动时,镜中映出的是他快乐的脸;他高大深色的身影,以及穿着浅色衣服的马莎的笑容,为厅堂汇聚了优雅而有朝气的画面。当然,他喜欢自己所看到的这张脸,香烟周围的嘴巴略微颤动,稍显凹陷的双眼中带着相当的狂热。这有什么好意外的,一个男人的容貌,告示着隐晦而实用的真相——从他脸上可读出他能做的事。相较于女人脸庞那华丽的徒劳无功,这又有什么了不起的。梅尔索深知这一点,他庆幸自己如此虚荣,对着自己的秘密阴暗面微笑着。

回到放映厅时,他心想如果他是独自前来,绝不会于中场休息离席,宁可抽烟或听听此时播放的轻音乐唱片。但今晚游戏继续。只要是能延长游戏或让游戏重新开始的机会都是好的。准备坐下来时,马莎向坐在后方几排的一名男子打招呼回礼。轮到梅尔索回礼时,他察觉男子嘴角似乎有一抹浅浅的微笑。他坐了下来,并未意会到马莎向他说话时把手搭在他肩上,若是一分钟前,他一定会把这视为她倾心于他的新证据,欣然接受。

"他是谁?"他说,深知必会被一派自然地回问"谁?"

果不其然。

"你知道的。那个男的……"

"喔……"马莎说,随即沉默不语。

"所以呢?"

"你很坚持要知道吗?"

"没有。"梅尔索说。

他稍微回头。那男子望着马莎的颈背,脸上表情分毫未变。他相当俊美,嘴唇很红,但眼睛无神,有点肤浅。梅尔索感觉到一波波热血直冲太阳穴。他的目光变得黯淡,眼前这个完美场景几个小时以来的亮丽色彩,忽然间变得肮脏漆黑。他哪需要听她说什么。他很确定,那个男的一定和马莎上过床。而一股不安在梅尔索心中逐渐加剧,他无法不去想那个男的心里可能在想的事。他心知肚明,因为他自己也曾经想过:"你再逞强嘛……"一想到那个男的此时此刻可能正回想着马莎的某些特殊举止、想着她欢愉时把手臂放到额头的模样,一想到那个男的也曾试图拨开这只手臂,欲阅读她眼中掀起的热烈的晦暗波涛,梅尔索就感到内心的一切崩垮了。戏院铃响提醒节目即将开始时,他闭着的眼睛里,愤怒的泪水正酝酿着。他忘记了马莎原本只不过是他快乐的借口,现在却成了他活生生的愤怒。梅尔索紧闭双眼许久,后来才对着银幕睁开。银幕上一辆汽车翻覆,而在一片安静中,只有一个轮胎继续缓缓滚动,在它固执的转动过程中,掺入了梅尔索心情恶劣所产生的羞愧和耻辱。但他内心因为亟须确认,暂时忘却了自尊:

"马莎,他曾是你的情人?"

"对。"她说,"但现在我只想看片子。"

这天起,梅尔索开始在意马莎。他于几个月前认识她,被她的美和优雅深深吸引。她的脸有点宽大但工整,散发着金光的眼睛和抹着完美胭脂的嘴唇,让她简直像个脸部彩绘的女神。眼神中闪烁的一丝纯真糊涂,更加凸显了她那疏离而冷淡的神情。到目前为止,每当梅尔索和女人产生了初步认真的肢体接触,他深知不幸的是感情与欲望是以相同的方式表达,于是他总在将对方拥入怀里之前就先想象分手。但马莎到来的时候,梅尔索正看破了一切和他自己。担心失去自由或害怕无法自主,是仍怀抱着希望的人才会有的顾虑。对于那时的梅尔索而言,一切都不重要了。马莎首次倒卧在他怀里,当他从因接近而变得模糊的五官线条之中,看到了在此之前如画中花朵静静不动的嘴唇,忽然活跃起来向他亲近时,他并未透过这个女人看到未来,而是他所有的欲望力量都集中到她身上，他整个人被这个"表象"所注满。她所凑过来的唇，宛如来自一个毫无激情又充满欲望的世界的讯息，他的心在其中必能获得满足。对他而言，这犹如奇迹。他的心激动莫名，使他差点把这当成爱情。当他的牙齿感觉到那饱满又柔嫩的肉体时，他用自己的嘴唇抚摸了许久，又以一种野蛮的自由狂躁地啃咬。她当天即成为他的情妇。过了一段时日，他们做爱的默契已臻至完美。可是认识她更深以后，他渐渐感受不到最初从她身上阅读到的这种奇特性。当俯在她唇上时，他有时仍想要让这奇特性浮现。马莎已习惯了梅尔索的拘谨和冷漠，因此她从来不明白为何某天，在一辆载满乘客的电车上，他竟向她索吻。她讶异地顺从了。于是他如他所喜欢的那样吻了她的唇，先是以自己的嘴唇抚摸它们，再缓缓啃咬它们。"你怎么了？"她事后问。他露出了她所喜欢的那种笑容，是充当回答的短促微笑，并说："我想使坏。"随即沉默不语。她也不明白梅尔索的用词。在那个身体自由且放松了而心醉意浓的时刻，梅尔索会以一种只有面对温驯的狗才有的温柔关爱态度，微笑着对她说："表象，你好。"

马莎是打字员。她并不爱梅尔索，但对他有所依恋，因为他令她好奇，也满足她的虚荣。自从那天梅尔索向她介绍了埃曼纽，而埃曼纽如此形容梅尔索："你知道吗，梅尔索呀，他是个好人。

他肚子里有东西,但都闷着不说。所以,大家都误会他。"之后,她便对他充满好奇。由于他能在缠绵时让她快乐,她便也别无他求,只尽量享受这个从不向她要求什么、让她随时愿意来就来的安静而寡言的情人。面对这个她看不出破绽的男人,她只是有点不自在罢了。然而这天晚上,从戏院出来时,她发现仍有东西可拨动梅尔索的心弦。她整晚缄默不语,在他家过夜。他整夜未碰她。但此时此刻起,她利用了自己的优势。她已经告诉过他她曾有其他情人。她打算找到必要的证据。

隔天,她一反常态,一下班就去他家。她发现他正在睡觉,于是坐在铜床的床尾,没吵醒他。他穿着衬衫,卷起了袖子,露出健壮古铜色手臂上的白色内衣。他胸部和腹部同步规律地呼吸。眉间的皱纹,赋予他一种她所熟知的有力而固执的表情。他的鬓发落在肤色很深的额头上,一条鼓鼓的血脉横跨在额上。他就这么躺着,双臂摆在身体旁,一条腿半是弯曲着,宛若一个孤立而顽固的天神,于沉睡中降临一个陌生的世界。面对他饱满而充满睡意的嘴唇,她渴望他。这时,他微微睁开双眼,随即闭上,无怒意地说:

"我不喜欢人家看我睡觉。"

她揽住他的脖子,拥抱亲吻他。他无动于衷。

"噢,亲爱的,又是你的怪规矩。"

"别叫我亲爱的,行吗?我已经跟你说过了。"

她躺到他身旁,望着他的侧影。

"真不晓得你这样像谁。"

他把裤子拉起来,背对着她。从电影演员、陌生人,或戏剧演员身上,马莎经常能认出某些梅尔索也有的举动或特殊癖好。透过这一点,他能看出自己对她的影响,但平常能满足他虚荣的这种本事,今天却令他厌烦。她贴着他的背,于是腹部和乳房感受到他睡觉所产生的强烈热气。夜色很快降临,房间陷入阴暗。从公寓里传来挨打孩童的哭声、猫叫声和甩门的声音。路灯照亮了阳台。电车稀稀落落地经过。电车经过后,附近一带由茴香酒和烤肉构成的气味,一股一股沉重地飘进房间来。

马莎感到睡意袭来。

"你好像生气了。"她说,"昨天就已经生气了……所以我才来找你。你不想说说吗?"她摇了摇他。梅尔索不为所动,在已然漆黑的房间中,凝视着盥洗小桌下一只鞋子的明亮曲线。

"你知道,"马莎说,"昨天那个男的呀,其实,我说得太夸大了。他没做过我的情人。"

"没做过?"梅尔索说。

"嗯，不算是。"

梅尔索不发一语。那些举动和笑容历历在目……他咬牙切齿。然后他起身，打开窗户，回来坐在床上。她窝向他，把手伸入他衬衫的两个扣子之间，抚摸他的胸膛。

"你有过几个情人？"他终于说。

"你好烦。"

梅尔索缄默了。

"十来个吧。"她说。

梅尔索一困就想抽烟。

"我认识他们吗？"他说，一面把烟盒掏出来。

马莎脸庞的位置，他只看得到一片白亮。"就像做爱时一样。"他心想。

"认得几个吧。这一带的。"

她把头向他肩膀磨蹭，说话如小女孩般嗲声嗲气，梅尔索总会因此软化下来。

"孩子，听着，"他说，点燃香烟，"你得体谅我。你要答应我，一定要告诉我他们的名字。至于其他我不认识的那些人，你也要答应我，假如我们遇见了，你要指给我看。"

马莎突然后退："我才不要！"

房间下方，一辆汽车粗暴地按了声喇叭，再一次、又一次，按了许久。电车的铃声在夜色中叮叮作响。盥洗桌的大理石桌面上，闹钟的滴答声十分冰冷。梅尔索吃力地说：

"之所以这么请求你，是因为我了解自己。如果不让我知道，那么我每次遇到一个男的，都会是相同的情形。我会起疑，会胡思乱想。就是这样。我会想太多。不知道你是否明白。"

她明白得不得了。她说出了那些情人的名字。其中只有一人梅尔索不认识。最后一个是他认识的年轻人。他想的就是这个人，因为他知道他长得俊俏，很受女人青睐。做爱这件事最令他震惊的，至少是第一次令他这么震惊，是女人居然能接受亲密感到这种程度，居然能如此轻易让一个陌生人的肚子贴着自己的肚子。从这种随性、放纵和意乱情迷之中，他认出了做爱令人激昂而卑劣的力量。梅尔索起先把马莎和她情人之间的关系想象成这种亲密感。这时，她移至床边，把左脚放到右腿上，脱了一只鞋，又脱了另一只，任由它们掉到地上，一只侧躺着，一只以它的高跟直立着。梅尔索感到喉咙哽咽，胃里有什么东西在翻腾。

"你以前和贺奈在一起时就是这个样子吗？"他微笑说。

马莎抬起头。

"你想到哪里去了？"她说，"他只做过一次我的情人。"

"喔。"梅尔索说。

"再说,那次我连鞋都没脱。"

梅尔索站起来。他想象她穿着衣服,仰卧在一张与此相同的床上,毫无矜持地献出自己。他大喊:"住嘴!"随即走向窗边。

"噢,亲爱的!"马莎边说边从床上坐起来,穿着长袜的脚踩在地板上。

梅尔索望着路灯在电车轨道上变幻的光影,借此让自己冷静。他从来不曾像现在和马莎感觉这么亲近。他也顿时明白,自己向她更敞开了一些。自尊在他眼中燃烧。他回到她身旁,以拇指和弯起的食指,捏了捏她耳朵下方温暖的肌肤。他微笑了。

"那个萨格勒斯呢,他又是谁?只有他,我不认识。"

"他呀,"马莎笑着说,"我有时仍会见见他。"

梅尔索手指把肌肤捏得更用力了。

"你知道,他是我的第一个。当时我年纪还很轻,他稍稍年长一些。现在他两条腿断了,自己一个人住,所以我偶尔会去看看他。他是个有学问的好人,随时随地都在看书。当年他是大学生。他很开朗。反正就是个人嘛。而且他也跟你说一样的话,他会对我说:'表象,来这里。'"

梅尔索思索着。他放开马莎,她闭上眼睛,倒回床上。过了一会儿,他坐到她身旁,俯向她微张的嘴唇,试图寻找她那野兽式神性的踪迹,寻求忘掉一份他自认可耻的痛苦。但他仅仅吻了她而未更进一步。

送马莎回家的路上,她向他谈起萨格勒斯:"我向他提起了你。"她说,"我告诉他,我的亲爱的很帅又很强。结果他说他想认识认识你,他说:'看到美丽的躯体,能帮助我呼吸顺畅。'"

"又是个爱把事情弄得复杂的家伙。"梅尔索说。

马莎原本想讨他欢喜,以为此刻正适合上演她预想的吃醋桥段,她觉得这算是她欠他的。

"噢,他才没有你那些朋友那么复杂。"

"什么朋友?"梅尔索真诚讶异地问。

"就是那些小笨妞呀,你知道吗?"

那些小笨妞,是指萝丝和克莱儿,是梅尔索以前认识的突尼斯大学生,她们也是他生活中还保持来往的少数几个人。他微笑了,从背后揽着马莎的脖子。他们漫步了许久。马莎住在军事操练场附近。那条街很长,上层成排的窗户闪耀明亮,下层则全是关闭的商店,黑暗又阴沉。

"亲爱的,你不爱那些小笨妞吗?"

"才不。"梅尔索说。

他们走着，梅尔索的手放在马莎的颈背上，被长发的暖热所覆盖。

"你爱我吗？"马莎直截了当地问。

梅尔索顿时精神来了，笑得很大声。

"这问题挺严肃的。"

"快说。"

"哎，我们这个年纪，没有相爱这回事，只有互相顺眼而已。要到后来，又老又无力了，才可能相爱。在我们这个年纪，我们只是自以为相爱，仅此而已吧。"

她显得悲伤，但他拥吻了她。"再见，亲爱的。"她说。梅尔索从黑漆漆的巷弄回来。他走得很快，清楚感觉到滑顺材质布料长裤下的大腿肌肉活动，不禁想起萨格勒斯和他残断的双腿。他兴起了认识他的念头，决定请马莎引见。

第一次见到萨格勒斯时，梅尔索感到十分厌烦。然而，对于两个情人在该女子也在场时相见所可能产生的尴尬，萨格勒斯已设法降低。他试图拉拢梅尔索，称马莎是"大家闺秀"，并笑得很大声。梅尔索搭不上话。只剩他和马莎时，他立刻十分不客气地告诉了她。

"我不喜欢残疾人。我看不顺眼，会令我无法思考。爱逞强的残疾人，我更不喜欢了。"

"噢，你哦，"没听懂话中之意的马莎说，"瞧你把话说得……"

可是后来，起初令他厌烦的萨格勒斯的孩子气笑声，终究吸引了他的注意力，令他好奇。于是再次见到萨格勒斯时，使梅尔索产生偏见且难以掩饰的嫉妒之意消失了。每当马莎一派无辜地谈及她当年认识萨格勒斯的时光时，他会说：

"你不用浪费时间了。我无法嫉妒一个没有腿的人。就算想象你们俩在一起，我顶多觉得他像蜷在你身上的一条肥蛆。你明白了吧，我只想笑而已。宝贝，别白费力气了。"

后来他又独自去找萨格勒斯。萨格勒斯话说得又多又快，笑着，随即沉默。在萨格勒斯所在的大房间里，有他的藏书和摩洛哥铜器，有壁炉火焰，火光映在书桌上高棉佛像低调的脸上，梅尔索在这里感觉很好。他聆听萨格勒斯说的话。这个残疾人最令他震撼的，是他说话前会先思考。其余的，如这个可笑躯干的内敛热情和他所过的慷慨激昂的生活，都足以吸引梅尔索，并让梅尔索心中萌生一种或可称为友谊的东西——若愿把心态放宽一些的话。

第四章

　　星期日下午，罗兰·萨格勒斯说了很多话又开了很多玩笑后，在壁炉边，身上裹着白色毯子，静静地坐在大轮椅上。梅尔索倚靠着书柜，隔着窗户的白丝帘纱，望着天空和田野。他来的时候，飘着绵绵细雨，由于怕太早到，他还在田野闲晃了一个钟头。天空阴霾，虽然听不到风声，梅尔索却看到树木和枝叶在小山谷中无声地弯折。马路那头，一辆行经的牛奶货车发出一阵巨大的金属和木器的噪音。几乎与此同时，下起了滂沱大雨，水淹窗户。倾盆大雨犹如一层厚重的油，遮蔽了门窗，远方空洞的马蹄声现在比货车的噪音更清晰可闻。久久不退的无声大雨、壁炉旁的残疾人，乃至于房间内的寂静，一切都蒙上一种怀旧的面貌。无声的忧郁情怀渗入梅尔索的内心，一如刚才雨水渗入他湿了的鞋子、寒气渗入他单薄布料裤子下的膝盖。片刻之前所降下来的既非雾亦非雨的水汽，如巧手般洗净了他的脸，并裸露出蒙着厚重黑眼圈的双眼。现在他凝望天际，乌云不断飘来，即将消逝，即将被取代。他长裤的烫褶消失了，一个正常男人漫步在自己专属世界时所拥有的热力和自信，也随之消失了。因此他才会凑到壁炉和萨格勒斯旁，和他面对面坐下来，略微处在高大壁炉烟囱的影子下，但依然看得见天空。萨格勒斯看了看他，别过头去，把左手握的一团纸扔进火中。这个举止如以往一样可笑，看到这个如行尸走肉的躯体，令梅尔索感到不自在。萨格勒斯笑而不语。他忽然低头望向梅尔索。火焰只照亮他左侧脸颊，但他的声音和眼神中有某种东西充满了炽热。

"你看起来累了。"他说。

梅尔索感到尴尬，只答："对，我觉得无聊。"过了一会儿，他抬起头，走向窗边，看着窗外又说："我想要结婚、轻生，或订阅《画报》。总之就是个无可奈何的举动吧。"

对方微笑了：

"梅尔索，你很穷。这有一半说明了你为何如此愤世。至于另一半，是因为你居然荒谬地同意自己贫穷。"

梅尔索依然背对着他，凝望着风中的树林。萨格勒斯用手心抚平裹在腿上的毯子。

"你知道，男人若欲评判自己，总是看自己是否懂得让身体的欲求和心智的要求两者取得平衡。你呢，梅尔索，你正在评判自己，而且评判得极其严苛。你活得很苦，像野蛮人一样。"他把头转向梅尔索："你喜欢开车，对吧？"

"对。"

"你喜欢女人吗？"

"如果漂亮的话。"

"我的意思便是如此。"萨格勒斯转向壁炉。

过了一会儿，他开口说："所有这些啊……"梅尔索转过身来，倚靠着背后略微弯曲的窗户，等着萨格勒斯把话说完。萨格勒斯却缄默不语。一只苍蝇贴着窗户嗡嗡叫。梅尔索转过来，用手困住它，又把它放了。萨格勒斯看着他，略显犹豫地说：

"我不喜欢说话太严肃。因为那么一来，只剩一件事可谈：个人对于自己人生的印证接纳。我呢，就看不出该如何印证接纳这双断腿。"

"我也是。"梅尔索说，说话时并未转身。

萨格勒斯忽然爽朗大笑。"多谢，你真是一点遐想的余地也不留给我。"他语气一转,"但你这样严苛是对的。然而有件事,我想对你说。"然后他严肃地沉默下来。梅尔索过来坐在他面前。

"你听着,"萨格勒斯说,"并好好看看我。我需要靠别人帮我如厕。完事后还要帮我清洗和拭净。更糟的是,我得花钱请人做这件事。即使如此,我对人生深具信心,绝不会做出任何举动来缩短它。我愿接受更严重的事,譬如盲或哑,随你说什么都好,只求我肚子里还能感受到这股隐晦而炽热的烈火,它即是我,即是生机盎然的我。我一心只想感谢人生容许我得以继续燃烧。"萨格勒斯有点喘,往后仰靠。现在不太看得到他的脸,只见得到毯子映在他下巴的苍白光影。他继续说:"而你,梅尔索,拥有这般体魄,你唯一的课题就是要活着并要快乐。"

"别说笑了。"梅尔索说,"每天要上班八个钟头。唉!我若能自由多好!"

他愈说愈起劲,就像有时候那样,又燃起希望。今天感觉有人从旁协助,更是如此了。终于能信赖某人,让他顿时又萌生自信。他稍微让自己冷静一些,捻熄一根烟,较平稳地继续说:"几年前,大好人生摆在眼前,别人跟我谈我的人生、谈我的未来,我都说好。我甚至去做为此该做的事。可是在当时,这一切对我便已显得陌生。我成天忙的,只是让自己尽量毫无特色。不要快乐，不要'反对'。萨格勒斯，我说得不太清楚，但你应该明白。"

"明白。"对方说。

"现在呀，要是有时间……我只要尽量放纵自己就行了。一切额外得到的嘛，就像雨水落在石头上。雨水能让石头清凉，这样已经很棒了。改天，它将被太阳晒得滚烫。我一向觉得，快乐完完全全就是这样子。"

萨格勒斯双手交叉在胸前。接下来的沉默中，雨势似乎变本加厉，乌云膨胀成一团不明显的雾气。房间内变暗了一些，仿佛天空把所负载的阴影和寂静倾倒了进来。萨格勒斯认真地说：

"每个身躯总有个和它相称的理想情境。容我说的话，该是石头的理想情境，可是需要一个半人半神的身躯来支持。"

"的确，"梅尔索有点意外地说，"但也不用说得太夸张。我经常运动，就这么简单。在身体感官上，我能够获得极大的享受。"

萨格勒斯沉思着。

"是呀，"他说，"很替你高兴。了解自己身体的极限，这就是真正的心理。再说，这也不重要。我们没有时间好好做自己。我们没有时间快乐。不过，你是否介意详述一下你所说的让自己毫无特色？"

"不介意。"梅尔索说，随即沉默。

萨格勒斯啜了一口茶，剩下的一大杯弃置不饮。他一天只想小解一次，因而喝得很少。凭着坚强的意志，他几乎总能把随着每一天而来的羞辱降到最低。"能少则少，这也是一种创纪录呀。"他某天曾如此告诉梅尔索。几滴水首度从烟囱落入壁炉里。火光摇曳。窗上的雨势加剧。某处有一道门砰然关上。对面的马路上，一辆辆汽车如油亮老鼠般飞蹿而过。其中一辆按了一声很长的喇叭，在山谷间，那空洞而凄凉的声音更加拉大了这湿漉漉世界的空间，直到连它的回忆本身，对梅尔索而言，都成了这片天空寂静和忧伤的一部分。

"萨格勒斯，还请你见谅，但某些事情我已很久没再提起了。所以我不记得，或记不清楚了。当我看着自己的人生和它隐晦的色泽，我内心仿佛有一股激动的泪水。就像这片天空一样，既是大雨又是艳阳，既是中午又是子夜。啊，萨格勒斯！我回想着吻过的那些唇，回想着自己曾是的那个穷苦孩子，回想着某些时刻令我激昂的人生躁动和野心。那些全都是我。我相信一定有某些时候，你甚至认不出我来。极度的不幸，过分的快乐，我也说不上来。"

"你同时游走于好几个层面?"

"是的,但不是随便玩玩而已。"梅尔索激动地说,"每当我想着自己内心所走过的痛苦和喜悦,我就知道,而且非常清楚地知道,我所参与的这场戏,是所有当中最认真、最刺激的。"

萨格勒斯微笑了。

"所以你有事要做?"

梅尔索用力大声地说:

"我得养活自己。我的工作,别人能忍受得了的八个小时工作,阻碍了我。"

他沉默了,点燃了一直夹在手指间的烟。

"然而,"他说,手中的火柴仍燃着,"要是我有足够的体力和耐心……"他吹了吹火柴,把焦黑的一头按在左手背上,"……我很清楚自己能有什么样的人生。我不会把人生当成实验,我自己就是我人生的实验……是的,我很清楚什么样的热情会让我充满力量。以前我太年轻了,把自己摆在正中央。如今我明白了,"他说,"行动和爱和受苦确实是活着,但这样算活着的前提是,人愿意隐形并接受自己的命运,就像一道人人都相同的喜悦和热情的彩虹,其映影是独一无二的。"

"是呀,"萨格勒斯说,"但你不能兼顾工作和这种生活……"

"不能,因为我处于愤慨状态。这样不好。"

萨格勒斯闭口不言。雨停了,天空中,夜色取代了乌云,现在房间内已近乎漆黑,只剩壁炉的火明亮地照耀着残疾人和梅尔索的脸。萨格勒斯沉默了许久,看着梅尔索,只说:"爱你的人,将得承受很多痛苦——"他错愕地打住,因为梅尔索忽然上前一步,脸在阴影中,激动地说:

"别人对我的爱,不能逼迫我做任何事。"

"的确如此,"萨格勒斯说,"但我只是说出所想的而已。有一天,你将独自终老,就是这样。你请坐下,听我说。你说的话令我很震撼,尤其是其中一件事,它证实了人生经验所教给我的一切。梅尔索,我非常喜欢你;其实也是因为你的体格。是它教导了你一切。今天我觉得似乎可以对你敞开心扉说话。"

梅尔索缓缓坐下来,他的脸庞进入已接近尾声而转暗的炉火光线里。窗户的方框中,丝质帘纱外面,忽然像是夜晚拉开了序幕。窗外有什么东西展开了。一片水乳般的光芒漫入房间内。梅尔索从佛像淡定而低调的嘴唇上和镌刻的铜器上,认出了他所深爱的星月之夜那熟悉而稍纵即逝的脸孔。夜晚仿佛褪去了替身般的乌云,现在安详地绽放着自身的光彩。马路上,车辆的速度放慢了。小山谷深处,突如其来的一阵骚动,为群鸟酝酿睡意。房子前方传来脚步声，而在这个夜晚笼罩世间的水乳光芒里，声音回荡起来更宽广也更清亮。在红澄澄的火光、屋内闹钟的律动，以及四周熟悉物品的秘密生活之中，一首隐而未显的诗遂编织成形，酝酿着让梅尔索以另一种心境、信心和爱，接收萨格勒斯即将说的一番话。他稍向后靠坐，在这片天空前，聆听萨格勒斯的奇特故事。

"我确信，"他侃侃而谈，"人没有钱不可能快乐。就是这样。我不喜欢方便行事，也不喜欢多愁善感。我喜欢把事情看得清清楚楚。所以呢，我发现某些精英分子，他们精神上自命清高，以为金钱不是快乐所必要的。那很蠢，不是真的，而且某种程度上是懦弱的。

"梅尔索呀，对于一个出身良好的人而言，快乐从来不是件复杂的事。只需要把一切的命运重拾在握，凭的不是放弃的意志，一如很多假伟人那样，而要凭追求快乐的意志。只不过，达到快乐，需要时间。需要很多时间。快乐本身也是一种漫长的耐心。在几乎各种情况下，我们耗尽一生去赚钱，但明明该用钱来赚取时间。这个呢，就是向来唯一让我感兴趣的问题。它很明确，很具体。"

萨格勒斯停下来，闭上眼睛。梅尔索固执地继续望着天空。

一会儿，马路上和田野的声音变得清晰，萨格勒斯不疾不徐地接着说：

"噢！我深知多数有钱人对快乐一点概念都没有。但这不是问题所在。有钱，就是有时间。这就是我的论点。时间可以买的。凡事都能买。身为有钱人，或变成有钱人，就是在配得上快乐时，有时间可以快乐。"

他注视着梅尔索：

"梅尔索呀，我二十五岁时，便已明白任何人只要对快乐有概念、有意愿且有要求，便有权当个有钱人。要求要快乐，在我看来，是人心中最高贵的一件事。在我眼中，凡事皆可用这个'要求'天经地义地说明。为此，只需要一颗纯真的心。"

萨格勒斯依然注视着梅尔索，忽然说话变慢了，语气冰冷而严肃，仿佛想吸引看似心不在焉的梅尔索的注意力。"二十五岁时，我开始赚大钱。我不惜使诈，不惜做任何事。短短几年，大笔现金财富便已到手。梅尔索，你想想呀，将近两百万呢。世界为我敞开。有了世界，就能过我梦寐以求的孤独而热切的生活……"过了一会儿，萨格勒斯以较低沉的声音继续说："或该说是我原本要过的生活！梅尔索，因为不久即发生那场夺去我双腿的意外事故。我未能了结……而现在，就这样了。所以，你应该能明白，我也不愿过有所减损的人生。二十年来，我的钱就在这里，在我身边。我过得很俭朴。那笔钱几乎分文未动。"他用坚实的手抚了抚眼皮，略微压低声音说："绝不能以废人的吻玷污了人生。"

这时，萨格勒斯打开了紧邻着壁炉的小矮柜，里面有个带有钥匙的泛黄大钢盒。盒子上放了一封白色的信和一把黑色大手枪。梅尔索不由得感到好奇，萨格勒斯仅报以微笑。事情很简单。每当那剥夺了他人生的悲剧令他心情太沉重时，他就把这封信摆在面前，信上未标示日期，只阐述了他求死的意愿。然后他把枪摆在桌上，把枪口拉过来，贴着自己的印堂，滑过自己的太阳穴，用金属的冰冷，冷却脸颊的燥热。他就这样好长一段时间，任由手指沿着扳机游走，玩弄保险卡槽，直到他四周的世界沉寂下来，整个人已被沉沉睡意笼罩，沉浸在这个又冰又咸、可能冒出死亡的金属枪口的感觉里。透过这样去感受自己仅仅需要在信上标示日期并开枪，透过这样去体验求死竟是这般轻易时，他知道自己的想象力足够生动，让他得以惊骇地看清否定人生的意义，于是他把这股想要在尊严和沉默中继续燃烧下去的渴望悉数带入梦寐之中。然后，他彻底醒来，口中满是已然苦涩的唾液，他舔舐枪口，把舌头伸进去，终于因无比的快乐而呼号。

"当然,我的人生毁了。但我所言有理:要不计代价追求快乐,抵抗这个以愚蠢和暴力将我们包围的世界。"萨格勒斯终于笑了,又说:"梅尔索呀,我们文明社会的卑劣和残酷,尽见于'快乐的民族没有历史'这句俗语。"

现在时候很晚了,梅尔索也不知确切时间。他脑海中翻腾着一股狂躁的兴奋。他嘴里残留着香烟的余温和酸涩。四周的火光依然幽微。聆听故事以来,他首度望向萨格勒斯:"我想我懂。"他说。

萨格勒斯因过度劳累而疲倦,默默地喘气。沉默一阵子后,他吃力地说:

"我想要澄清一下。请别误以为我说金钱能造就快乐。我的意思只是,对于某个阶层的人而言,快乐是可能的,前提是要有时间;而且,有钱,就能摆脱钱的束缚。"

盖着毯子的他,瘫坐在椅子上。夜色完全笼罩,现在,梅尔索几乎看不到萨格勒斯了。接着是一片长长的沉默。梅尔索为了重拾联系,在黑暗中确认此人的存在,便站起来,仿佛摸索般地说:

"这种险,值得一冒。"

"是的。"对方沉沉地说,"最好赌这种人生,不要赌别种人生。至于我的，当然，又另当别论了。"

"一个废物。"梅尔索心想，"一无可取。"

"二十年来，我无法体验某种快乐。吞噬我的这个人生，我未能彻底了解它；而死亡最令我恐惧的，是它将让我很确定，我的人生耗尽时，我从未参与其中。我被搁置一旁了，你明白吗？"

一阵很大声的年轻笑声，突如其来地从阴暗中传来：

"梅尔索呀，这意思是，其实，即使像我现在这模样，我仍怀有希望。"

梅尔索朝桌子走了几步。

"好好想想这一切，"萨格勒斯说，"好好想想这一切吧。"

对方只说："我能点灯吗？"

"请。"

萨格勒斯的鼻翼和圆滚滚的眼睛在明亮的光线下显得更加苍白。他费力地呼吸。梅尔索向他伸手，他却摇摇头，且笑得很大声。"你别太认真看待我说的话。你知道，别人看到我断腿所露出的那种愁苦表情，总是令我厌烦。"

"他根本是拿我寻开心。"梅尔索心想。

"只要认真地看待快乐就好。好好想想吧，梅尔索，你有一颗纯真的心。好好想想。"然后他直视梅尔索的双眼，过了一会儿，他说:"而且你还有两条腿,那样也挺好。"

他于是微笑,并摇了摇一只小铃:

"你该走了,小子,我得要尿尿了。"

第五章

星期日晚上回到家后,梅尔索所有的思绪都围绕着萨格勒斯。进入自己的房间之前,他听到制桶匠卡铎纳房内传来啜泣声。他敲了敲门,没有回应。啜泣声并未中断,他毫不犹豫地推门而入。制桶匠卡铎纳蜷缩在床上,像个孩子般哭得抽抽噎噎。他脚边有一张老妇人的照片。"她死了。"他非常费力地告诉梅尔索。这是真的,但已经是许久以前的事了。

他重听,半哑,凶恶又暴戾。他一直与姐姐同住,但她受够了他的凶狠和专横,躲去她的孩子那里,留下他孤独一人、手足无措,就像个第一次不得不自己打扫和下厨的男人。某天梅尔索在街上遇到他姐姐,她向他诉说他们的争执始末。当时卡铎纳三十岁,个子矮小,还算俊美。打从孩提时期,他便与母亲同住。母亲是唯一令他心生些许畏惧的人,这份畏惧较无实质根据,更多的是出于迷信。他以他那粗野的性格爱着她,爱得既粗鲁又暴烈,他表达爱意最深情的方式,莫过于费力地以最粗鄙不堪的字眼谩骂神父和教会,借以嘲弄这位老妇人。他之所以和母亲同住这么久,也是因为他不曾对任何女人产生过认真的情感。不过,少数的几次艳遇或去妓院,仍让他得以自称是个男人。

母亲死后,他便和姐姐同住。他们所住的房间,是梅尔索租给他们的。姐弟俩相依为命,费力地攀爬肮脏又黑暗的漫长人生。他们话不投机,往往好几天互相不说一句话。现在她搬走了。他太高傲,不愿诉苦或请她回来,便独自一人生活。早上,他去餐馆用餐,晚上则从肉店带熟食回家。他会清洗内衣和厚重的蓝色工人服,但房间则任它陷入最恶心的脏乱。起初,到了星期日,他偶尔会拿起抹布,试图整顿一下房间。但他身为男人的笨拙,在一片凌乱中展露无遗——曾经摆了饰品和鲜花的壁炉上,如今竟搁了一只锅子。他所谓的整顿,其实是掩饰脏乱,是用抱枕把乱放的东西遮住,或把各种稀奇古怪的玩意儿堆到柜子里。到后来,他厌倦了,索性连床被也不收折,和狗睡在又脏又臭的床单上。他姐姐曾对梅尔索说:"他去咖啡馆总是表现得很得意。但洗衣坊老板娘告诉我,她曾看到他一面洗衣服一面掉眼泪。"事实上,这个人看起来再怎么强硬,某些时刻他心中仍被恐惧占据,因而了解到自己有多么孤单失落。她以前当然是因为可怜他才和他同住,她如此告诉梅尔索。但他阻挠她和她所爱的人见面。在他们这个年纪,这种事已不太重要。对方是个有妇之夫,他带来从郊区篱笆采摘的鲜花,以及从游乐场赢来的橘子和烧酒送给女友。诚然,他长得不帅,但俊美的外表并不能当饭吃,再说他那么争气。她很在乎他,他也很在乎她。爱情,不就是这么一回事吗?她会替他洗衣服,努力让他保持整洁。他习惯把手帕折成三角形绑在脖子上,她便替他把手帕洗得白白亮亮,那是让他很高兴的一件事。

可是她弟弟呀,却不愿她和男友来往。她只能偷偷和他幽会。她曾邀他来家中一次。弟弟毫无心理准备,结果吵得不可开交。他们离去后,三角形手帕遗落在房间一个肮脏的角落,她从此躲去了儿子家。梅尔索望着眼前肮脏的房间,想着那条手帕。

当年,大家其实很同情卡铎纳这么孤单。他曾告诉梅尔索,自己或许可能结婚。对方是位较年长的女人。她大概期盼着能投入年轻而雄壮的怀抱里……她在结婚前便已如愿以偿。过了一段时日,她男友放弃了结婚的计划,说他觉得她太老了。从此,他独自住在这个小房子里。渐渐地，污垢包围他、占领他、攻占他的床，然后以无可挽回的方式淹没了他。这房子太丑陋了。而对于一个不喜欢待在家里的穷人而言，有另一个容易进出、富裕、明亮且随时欢迎他光临的家：咖啡馆。这一带的几家咖啡馆尤其活跃。馆内弥漫着群体聚集的热络气氛，是对抗孤独的恐惧及其朦胧召唤的最后庇护所。寡言的卡铎纳把咖啡馆当作自己的家。梅尔索每天晚上要么在这家、要么在那家总看到他。借由咖啡馆，他尽可能拖延回家的时刻，又找回自己在人世间的一席之地。这天晚上，想必咖啡馆未能充分抚慰他。回到家以后，他大概是拿出了这张唤醒已逝往事回音的照片。他再度看到自己曾经深爱并嘲弄的母亲。在脏乱的房间里，独自面对着自己一文不值的人生，他汇聚起最后一点力量，体认着这段曾经让他快乐的过去。至少不得不相信是如此，而且要相信在那段过去和落魄现在的两者交界处，迸出了一丝神圣的火花，因为他竟然哭泣了。

一如每次遇见人生中突发的强烈事件一样，梅尔索感到失去力量，而且对这种野兽般原始的痛苦充满敬畏。他在又脏又皱的被单上坐下来，把手放在卡铎纳肩膀上。在他面前，桌子的防水帆布桌巾上，杂乱堆着一盏酒精灯、一瓶酒、一些面包屑、一块奶酪，以及一个工具箱。天花板结着蜘蛛网。自从自己的母亲死后，梅尔索不曾再踏入这个房间，现在他以这里有多么肮脏和污秽凄苦，估算着这个人走过多么漫长的路。面向内院的窗户是关闭的。另一扇窗也才开一条缝。悬吊着的煤油灯周围环绕着一圈小型纸牌，平静的圆形光线投射在桌面、梅尔索和卡铎纳的脚上，以及墙边一张面对着他们的椅子上。这时卡铎纳把照片握在手中凝视着，一面亲吻，一面以沙哑的声音说："可怜的妈妈。"但他这样也是在可怜自己。她被葬在城市另一头的残破墓地，梅尔索很熟悉那里。

他想要离开了。他刻意清楚咬字，好让对方听得懂：

"你—别—这—样。"

"我没有工作了。"对方吃力地说，然后举着照片，以断断续续的声音说："我很爱她。"梅尔索自行翻译成："她很爱我。""她死了。"而他听出的是："我很寂寞。""过节时，我做了这个小桶子送她。"壁炉上有个箍着铜环、附有晶亮水龙头的漆木小桶。梅尔索放开卡铎纳的肩膀，卡铎纳无力地倒向肮脏的枕头。床底下传来一抹深深的叹息和一股恶心的恶臭。狗缓缓钻爬出来。它把有着长长耳朵和莹亮眼睛的头放在梅尔索膝盖上。梅尔索望着小桶子。在这个人必须用力才能呼吸的脏乱房间里，梅尔索的手指头能摸到狗的温度。他闭上眼睛，感受着内心长久以来首度如海水般涨起的绝望。面对眼前的不幸和孤独，他的心今天说："不。"而在袭上心头的强烈悲怆中，梅尔索深深理解到，内心唯一真实的是他的愤慨，其余的只是贫苦和逆来顺受。昨天在他窗台下活跃的街道，此时变得更加喧闹了。阳台下方的花园里，飘来阵阵青草的气息。梅尔索递了根烟给卡铎纳，两人默默抽烟。最末几班电车走了，一并带走有关人们和光影依然鲜明的回忆。卡铎纳睡着了，不久就鼾声大作，鼻子里塞满了泪水。狗蜷缩在梅尔索脚边，偶尔抖动一下，在睡梦中呻吟着。它每动一下，体味就直扑梅尔索而来。梅尔索则倚靠着墙，试图压抑心中对人生的愤慨。那盏灯冒烟、烧焦，最后终于在极臭的煤油味中熄灭。梅尔索打着瞌睡，醒来时眼睛正注视着那瓶酒。他非常吃力地站起来，走向靠内侧的窗户，站在窗边。从夜的深处，飘上来呼唤和寂静。在沉睡的世界尽头，一艘船漫长地呼唤人们出发、重新启航。

隔天，梅尔索杀了萨格勒斯，回家后，睡了一整个下午。他醒来时发着烧。到了晚上，他依然卧床，请附近的大夫来，诊断他得了风寒。办公室的一名员工前来探询，带走了他的请假单。过了几天，一切确定：一篇报导，一份调查。萨格勒斯的举动完全合情合理。马莎来探望梅尔索，叹道："有时候，真羡慕他。但有时候，活下来比自杀更需要勇气。"一星期后，梅尔索搭船前往马赛。他告诉大家，自己要去法国定居。马莎收到一封他从里昂寄来的分手信，这只伤了她的自尊心。同时，他告诉她，中欧有人提供他一个绝佳的职位。马莎写了一封存局待取的信给他，向他诉说她的痛苦。这封信从未送达梅尔索手上。他抵达里昂的隔天，一时心血来潮，跳上一班驶往布拉格的火车。然而，马莎告诉他，萨格勒斯在太平间停留数天后被安葬了，用了好多个枕头才让他的躯体得以在棺木里固定。

第二部

有意识的死

第一章

"我想要一间房间。"那人以德语说。

柜台服务员站在一片吊满钥匙的大板子前,与大厅之间隔着一张大桌子。他打量刚进来的这人,此人肩上披着一件灰色长风衣,说话时别过头去。

"没问题,先生。住一晚吗?"

"不是,我不知道。"

"我们的房间有十八、二十五和三十克朗的。"

梅尔索望着旅馆玻璃大门外的那条布拉格小巷子。他双手放在口袋里,一头打结的头发上未戴帽子。几步路之外,听得到电车从温塞拉斯大道下来所发出的嘎吱声。

"先生，请问您想要哪种房间？"

"随便。"梅尔索说，说话时眼神依然凝视着玻璃大门。服务员从板子上取了一把钥匙递给梅尔索。

"十二号房间。"他说。

梅尔索似乎苏醒了。

"这房间多少钱？"

"三十克朗。"

"太贵了，我要一间十八克朗的。"

服务员不发一语，取了另一把钥匙，向梅尔索指着垂挂在钥匙上的铜质星星："三十四号房间。"

梅尔索坐在自己房间里，脱掉外套，把领带拉松，下意识地卷起衬衫袖子。他走向洗手台，从上方的镜子里看到一张疲惫的脸孔，脸色有些干黄，数日未刮的胡子也遮掩不了。头发在搭火车的途中乱了，零散地垂在额头上，落在眉宇的两道深深皱纹处，赋予他的眼神一种严肃又温和的表情，令他颇为诧异。他这时才想到要看一看房间四周，这是他现在唯一拥有的，除了它，其他的他暂且想象不到。一条令人作呕的灰底大黄花图样地毯上，各式各样高低起伏的污垢，描绘出一个个悲惨黏稠的世界。巨大的电暖气后方，是油腻腻又脏兮兮的角落。电开关坏了，铜线裸露在外。一张排骨床架的床上方,一条沾满污垢、上面附着了陈年干枯苍蝇残骸的细绳,系着一只没有灯罩且油腻黏手的灯泡。梅尔索查看了倒还干净的床单。他从行李箱取出盥洗用具,一一放在洗手台上。他打算洗手,但才打开水龙头又关上,转而去打开没有窗帘的窗户。从窗户看出去是个有洗衣池的后院,以及多面凿着小窗的墙壁,系在墙壁间的晒衣绳上晾挂着衣物。梅尔索躺下来,立即睡着。他醒来时满头大汗,衣衫不整,在房间内晃了一会儿。然后他点了支烟,坐下来,脑袋空白地望着皱巴巴长裤上的皱褶。睡意的苦涩和香烟的苦涩,在他口中掺杂在一起。他隔着衬衫搔抓腰间,一边再度环顾房间。面对如此的荒凉和孤单,一股甜润味涌上他嘴里。在这个房间里,他感觉到自己远离一切,甚至远离了发烧,如此清晰地体验到养尊处优人生本质的荒谬和可悲,于是在他面前浮现出一个羞惭而不可告人的面目,那是一种自鬼祟可疑中萌生出来的自由的面目。在他四周,尽是松弛垂软的时光,时间像水底淤泥般汩汩作响。

有人用力敲门。梅尔索猛然回神,想起自己刚才就是被类似的敲门声吵醒的。他把门打开,看见门外站着个红发小老头,肩上扛着两个沉甸甸的行李箱。箱子是梅尔索的,在老头肩上显得巨大无比。老头怒不可遏,满是咒骂和指责,稀疏的牙齿间淌着睡液。梅尔索这才想起，大行李箱的把手坏了，搬运起来非常不方便。他想要道歉，却不晓得该如何说自己并不知道搬行李箱的人会这么老。小老头打断他的话：

"一共四十克朗。"

"一天的保管费就要这么多？"梅尔索不禁诧异。

对方解释了半天，他才明白原来老头搭了出租车。他不好意思说，在这种情况下，连他自己也会搭出租车，于是他无奈地付了钱。把房门关上后，梅尔索感到胸口涌上一波无法言喻的泪水。十分靠近的一座时钟响了四下，下午四点整。他睡了两个小时。他发现，自己和街道之间，只隔着面前的这栋房子。他感觉到流转其间的人生无声而神秘地膨胀着。最好出去走走吧。梅尔索洗手洗了很久。为了修磨指甲，他再度在床边坐下，用锉刀规律地磨着。内院两三个警报器突兀地铃声大作，促使梅尔索又回到窗边。于是他看到房子下方有个拱廊通道通往街上。仿佛街上所有的声音、屋舍另一头所有未知的人生，仿佛那些有住址、有家庭、和叔舅有心结、在餐桌上有特殊偏好、有慢性病的所有人们的喧嚣，以及形形色色生命的万头攒动，借由奋力拍动，永远与人的邪恶之心分离了，尽皆渗入这条通道，沿着整个内院浮升上来，在梅尔索的房间里如泡泡般破开。

在感觉到自己如此易于吸收流通、对世间每个征兆迹象都如此敏锐的同时，梅尔索察觉到了那个向他开启人生的深刻裂缝。他又点了支烟，急匆匆地更衣。扣上外套扣子时，烟熏了他的眼睛。他回到洗手台前，洗了洗眼睛，并想梳头。但他的梳子不见了。睡觉使他的头发打结凌乱，他用手梳理却徒劳无功。他头发垂在脸上，后脑勺的头发全部乱翘，就这样下楼。他觉得自己又更卑微了。到了街上，他沿着旅馆外围来到刚才发现的小通道前。通道通往旧市府广场，在降临于布拉格略显沉重的夜色中，浮现出市府和泰恩老教堂哥特式尖顶的黑色轮廓。汹涌的人潮流动于拱廊巷弄之间。对于每一个擦身而过的女人，梅尔索都以目光找寻那个让他仍然相信自己还能游戏人间的眼神。但健康的人有一种自然的直觉，懂得避开发烧的眼神。他胡子未刮，头发蓬乱，眼中有一种焦躁不安的野兽神情，裤子和领口一样皱巴巴，他失去了身穿剪裁精美的套装或手握汽车方向盘所能带来的那种饱满信心。光线变成赤铜色，夕阳仍不舍地依恋着广场那头的巴洛克风格金色圆顶。他步向其中一个圆顶，进入那座教堂，被古老的气味所吸引，在一张长椅上坐下来。拱顶已完全幽暗，但金色的柱头泄出一道金色而神秘的水流，注入高柱的凹槽饰纹，流至脸蛋肿胖的天使和冷眼讥笑的圣徒。一股温柔，是的，这里有一股温柔，但它如此苦涩，梅尔索不由得奔向大门口，站在阶梯上，吸取夜晚已然较为清凉的空气；他即将走入暮色中。又逗留了一会儿，随即他看到一颗星星出现，纯净又赤裸，在泰恩教堂的尖顶之间亮起。

他开始寻觅便宜的餐馆，步入较黑暗且较无人烟的街道。白天并未下雨，地上却泥泞不堪，沿途鲜少有人行道，梅尔索只好努力闪避污黑的积水。随后下起绵绵细雨。热闹的街道想必距离不远，因为从这里就能听到卖报小贩吆喝着《国家政治报》的声音。这段时间，他呢，则迷了路。他忽然停下来。一股奇特的味道在夜色中朝他飘来，它尖锐中带着微酸，唤醒了他内心所有焦躁的力量。他舌尖上、鼻腔内和眼睛里都感受到这股味道。它起初遥远，旋即在街角，在已然漆黑的天空和油秽黏腻的人行道之间，倏忽近在眼前，宛如布拉格暗夜的邪恶妖术。他迎向它，随着距离愈来愈接近，它变得更加真实，盘踞他整个人，将他双眼呛出泪来，让他毫无招架之力。到了某个街角，他明白了：一名老妇人正贩卖醋腌小黄瓜，就是这味道掳获了梅尔索。有个路人停下来，买了一条小黄瓜，老妇人用一张纸把它包起来。他走了几步路，当着梅尔索的面，把包装纸打开，大口啃了那条小黄瓜，破裂后多汁的瓜肉所散发出的气味更强劲了。梅尔索感到不适，找了根柱子倚靠，花了好一段时间呼吸着此时此刻世界所呈现给他的奇异和另类。然后他离去，不假思索地进入一家传出手风琴乐声的餐馆。他走下几级阶梯，在一半处停下来，发现自己来到了一个相当阴暗且布满红光的小地下室。他大概模样显得奇怪，因为手风琴手演奏得较小声了，交谈声停下来了，客人纷纷转过来望着他。在一处角落，一些女子嘴唇非常油腻地吃着。其他客人则喝着说甜不甜的褐色捷克啤酒。很多人没消费只抽烟。梅尔索挑了一张相当长、只有一个人坐着的桌子。那人又高又瘦，有着黄色毛发，瘫坐在椅子上，双手插在口袋里，紧闭的皲裂双唇含着一截已被口水泡胀的火柴。他吸吮火柴，发出不悦耳的声音，或把火柴从一侧嘴角换到另一侧。梅尔索坐下来时，那人几乎动也没动，只靠向墙壁，把火柴移向靠梅尔索的那一侧嘴角，并不着痕迹地眯起眼睛。此时，梅尔索发现他衣襟上有颗红星。

梅尔索点得不多，吃得很快。他并不饿。手风琴现在演奏得比较大声了，琴手直盯着新到来的梅尔索。梅尔索两度目露凶光，企图用眼神与对方对峙，但身体的燥热削弱了他。那琴手依然盯着他看。忽然间，一名女子大笑出声；红星男子用力吸吮火柴，火柴上冒出一个口水小泡泡；而那依然盯着梅尔索的琴手，停止了原本演奏的轻快舞曲，改奏一段缓慢而浓郁、积着累世尘埃的旋律。这时大门打开，来了一位新客人。梅尔索看不到他，但随着大门敞开，立刻窜来一阵醋酸和小黄瓜的气味。气味瞬间充满了阴暗的地下室，融入手风琴神秘的旋律中，使男子火柴上的口水泡泡更胀大，让交谈顿时变得更有意涵，仿佛一个凶恶而痛苦的老旧世界的意义，从沉睡于布拉格深夜的边际，跑来躲进餐馆和这些人的温暖之间。梅尔索正吃着一份太甜的果酱，忽然感觉自己身上的裂缝迸开了，使他承受更多的焦虑和燥热。他猛地站起来，把服务员叫来，根本听不懂他的说明，付了远多于该付的钱，并再度看到琴手依然瞪大眼睛盯着他。他走向大门，经过琴手身边，发现那人依然凝望着他刚离开的那张桌子，他这才明白他是盲人；爬上阶梯，打开门时，他整个人迎向那依然挥之不去的气味，从狭短的街道，走向深夜。

　　星星在屋舍上方闪烁。他应该离河很近，因为听到河低沉而有力的吟唱。他见到一堵厚墙上的铁栅栏写满了希伯来文字，得知自己来到犹太区。厚墙上方，垂曳着一棵柳树带着甘甜气味的枝条。栅栏内，可看到埋藏在草丛中的褐色大石块。这里是布拉格的旧犹太墓园。过了几步路的距离，奔跑的梅尔索发现自己来到旧市府广场。快要到投宿的旅馆时，他不得不手扶墙壁，用力呕吐。凭着身体极度虚弱所带来的清醒，他毫未犯错便找到了自己的房间，躺了下来，立即入睡。

　　隔天，他被卖报小贩的吆喝声唤醒。天色仍然沉重，但隐约可窥见云层后面的太阳。梅尔索尽管仍有点虚弱，但感觉好些了。他思虑着即将展开的漫长一天。像这样当着自己的面过生活，时间遂拉长延展至最极致，一天当中的每一个钟头，感觉起来都像蕴含着一个世界。最重要的是，不能再像昨晚那样歇斯底里了。最好有条有理地参观这座城市。他身穿睡衣，坐在桌前，有条不紊地拟定了接下来一周每一天的行程。巴洛克修道院和教堂、博物馆和老街，巨细靡遗。然后他开始梳洗，这才发现他忘了买梳子，于是下楼时又像昨天一样一头乱发且沉默寡言；经过门房时，门房注意到大白天的，此人却头发蓬乱，神情恍惚，且外套的第二颗扣子不见了。步出旅馆时，稚气而柔和的手风琴乐声攫住了他。昨晚的那个盲人，蹲在旧广场角落，以相同的空洞而微笑的表情，演奏着乐器，仿佛他已放下了自己，全心全意在一个超乎他所及之人生的律动中随波逐流。到了街角，梅尔索转过去，又遇见小黄瓜的味道。随着这味道，他的焦躁又浮现了。

　　这一天成了日后其他日子的范本。梅尔索很晚才起床，参观修道院和教堂，在熏香和地窖的气味中寻求慰藉，然后回到阳光下，又暗自畏惧起街头巷尾随处可见的小黄瓜商贩。他就是透过这种味道看博物馆,并明白了使布拉格金碧辉煌且美轮美奂的精美巴洛克风格的神秘与丰富。在后方阴暗处的祭坛上轻轻映耀着的金色光芒,在他看来宛若取自布拉格如此常见、由雾气和阳光构成的金黄色天空。涡旋形和圆形金属装饰、金箔般的复杂缀饰,与圣诞节为孩童布置的马槽圣诞十分相像,非常动人。梅尔索从中体会到的宏伟、夸饰和巴洛克风格的格局,就像一种狂热、稚气又浮夸的浪漫主义,人以此来对抗自己的心魔。在这里所爱戴的神,是那个令人畏惧且崇敬的神,而非那个在大海与阳光热闹嬉戏时和人一起欢笑的神。从阴暗拱顶下弥漫的细致灰尘味和虚无幻灭中走出来时,梅尔索觉得自己顿失依归。他每天晚上都去城市西区的捷克修士的修道院。在修道院的庭院里,时间随鸽子飞逝,钟声轻轻敲在草地上,但盘踞着梅尔索的,仍是他的燥热。此时,时光依然流逝。不过在那当下,教堂和文物古迹已关门,餐馆却尚未开门营业。此即危险之时刻。梅尔索沿着伏尔塔瓦河漫步,向晚时分的河岸处处是花园和乐团。许多小船一个水闸一个水闸地溯河而上。梅尔索跟着船只一起往上走,离开一处水闸震耳欲聋的巨响和嘈杂,逐渐找回晚间的安宁和平静,然后往前行,再度遇上扩展成巨大声响的轰隆声。他来到另一处水闸,看到一些彩色小舟试图不翻覆地越过水闸,却频频失败,直到其中一艘小舟超越了危险的水位，欢呼声才盖过了水声。蜿蜒而下的水流，充斥着呐喊声、音乐声和花园气味，满载着夕阳金黄色光芒和查尔斯桥上雕像奇形怪状的扭曲影子，让梅尔索痛苦且深刻地意识到一种毫无热情且爱情已无法见融于其中的孤寂。扑鼻而来的水流和树叶芬芳，使他停下脚步，哽咽地想象着迟迟不涌现的泪水。此时，只要有个朋友或一双敞开的臂膀就够了。但泪水在他潜入的这个毫无温情的世界边界打住了。之前好几个晚上，也是在这个时刻，他会穿越查尔斯桥，去城堡区漫步。那里坐落在河岸上，荒凉又寂静，距离市区最热闹的街道仅几步路之隔。他于这些华丽宏伟的建筑之间，在宽广的铺石内院，顺着做工精致的栅栏，沿着大教堂四周游荡。在宏伟建筑的高墙之内，他的脚步声在一片安静中回荡。一股暗沉的声音自城市传来。这一带没有小黄瓜商贩，但在这片安静和宏伟中有种压迫感，因而梅尔索每次仍会回到下方的那个味道或乐声，那俨然已成为他仅有的依归。他会到之前发现的那家餐馆用餐，对他而言，那里至少有一份熟悉感。他可以坐在红星男子旁的位子，那男子只晚上才来，喝一杯啤酒，一面咀嚼着火柴。晚餐时，再一次地，盲人演奏着，梅尔索吃得很快，付钱，返回旅馆，沉入夜夜如此的发烧孩童般的深沉梦境。

每天，梅尔索都考虑着要离开，而每天，他都更随波逐流一些，追求快乐的意志不再那么引领他。他抵达布拉格四天了，却迟迟未去买每天早上令他感到若有所缺的梳子。不过他隐约有一种匮乏的感觉，而这便是他不知不觉中所期待的。某晚，他经由第一天遇见那味道的小巷子走向餐馆。他已经逐渐闻到了，但就在快到餐馆前，对面人行道上有个东西驱使他停下脚步，上前察看。有个人躺在人行道上，双手交叉在胸前，头侧向左脸颊这一侧。三四个人倚站在墙边，仿佛在等待什么，神情倒十分平静。其中一人抽着烟，其他人则低声交谈。但一名只穿衬衫、外套揽在手上、帽子向后倾的男子，却在那躯体周围跳起原始的舞蹈，一种印第安式的舞步，节奏分明且断然。上方，远处路灯很微弱的光线，掺入来自邻近餐馆的朦胧光晕。不停舞动的这个人、双手交叉在胸前的躯体、神情如此平静的旁观者，这种讽刺的对比，以及这罕见的静谧，在略有压迫感的光影变化之间，在凝视和无知之下，有那么微妙的一分钟，让梅尔索觉得只要过了这一分钟，一切就会崩垮而万劫不复。他上前再靠近一些。死者的头浸在血泊中。头是转向有伤口的一侧，就压在伤口上。在布拉格这偏僻的角落，映在略有油污人行道上的稀疏光线、几步路外在湿滑路面上前进的路过车辆、远方班距漫长而闹哄哄进站的电车，在所有这一切之间，死亡显得太甜腻又太黏人。梅尔索头也不回地大步离去，此时他感受到的正是死亡的呼唤和它湿润的气息。忽然间，他已差点遗忘的味道又扑鼻而来。他走入餐馆，在自己的位子坐下来。那人依然在那里，但嘴里没有火柴。梅尔索仿佛从他眼神中看到一丝茫然。他抛开这个浮现脑海的愚蠢念头，但思绪翻腾着。他什么餐都没点就仓皇逃离，一路奔回旅馆，瘫在床上。他的太阳穴有灼热刺痛感。他心里空虚，肚子紧绷，他的愤慨一发不可收拾。人生过往的画面映入眼帘。他内心有某个东西渴望着女人的举止、敞开的臂膀和温暖的嘴唇。在醋酸味和感伤旋律中，从布拉格痛苦的深夜里，浮现他发烧时伴随左右的旧巴洛克世界焦躁的脸孔。他呼吸困难，视线模糊，举止僵硬地从床上坐起来。床头小桌的抽屉是打开的，里面铺着一张英文报纸，他把上面一整篇文章读完了。然后他又倒回床上。那个人的头压在伤口上，那伤口大得足以容纳数根手指。他望着自己的双手和手指，心中升起赤子般的欲望。一股炽热而隐晦的激动伴随着泪水在他内心膨胀，那是在怀念满是艳阳和女人的城市，那里墨绿的夜晚能愈合创伤。泪水溃堤了。他内心里泛起一大片孤独寂静的湖，湖上飘扬着他解脱的悲戚之歌。

第二章

梅尔索坐在驶向北方的火车上，仔细打量自己的双手。天空阴霾密布，奔驰的火车释放出一道低沉的烟雾。过于闷热的车厢里，只有梅尔索一人。他于夜里仓促启程，现在独自面对阴暗的上午，任由这片祥和的波希米亚景致全然进入内心，高大优雅的杨树与远方工厂的烟囱等待着即将落下的雨，这情景让人想落泪。然后他看了看标示着德、意、法三种语言的白色警告牌："请勿将头伸出窗外"。他放在膝盖上的双手，犹如活的粗蛮野兽，从膝盖上召唤他的目光。左边那只手长而柔嫩，另一只手则结实而强壮。他熟识它们、认得它们，同时感觉它们各自独立，仿佛有能力径自采取行动，而他的意志无从介入。其中一只手过来扶着他额头，企图阻挠在太阳穴噗噗跳动的燥热；另一只手沿着他的外套伸下去，从口袋取出一根烟，但烟立即被扔了，因为他忽然想吐，浑身无力。双手回到他膝盖上，安分下来，手心呈杯状，它们让梅尔索看到自己人生的脸孔，这人生回归漠然，任何想取走的人皆可取之。

他旅行了两天。但这次，驱使他的，并不是逃避的本能。连这次旅程的单调都令他沉迷。这个带着他横跨了大半个欧洲的车厢，让他得以待在两个世界之间。他刚搭上车，且即将离开它。它把他从一段人生中抽离出来，他想把那段人生的回忆抹去，以便把人生带向一个欲望称王的新世界。梅尔索一次也不曾感到无聊。他窝在自己的角落，鲜少受到打扰，凝视自己的双手，然后看看风景，并沉思。他刻意将旅程一路延伸至波兰的布雷斯劳，唯一花的力气是在边境海关处更换车票。他想要在自己的自由面前再待久一点。他感到疲倦，无力移动。他收取内心所有一丝一毫的力量和希望，把它们汇聚并重整，在自己内心重塑自己，与此同时，也重塑了自己未来的命运。他喜欢火车奔驰在平滑铁轨上的漫漫长夜，车如旋风般驶进仅有大时钟亮着的小车站，或进入大车站之前猛然刹车，大车站的光芒如窠巢，才刚瞥见它，它便已将列车吞没，将它丰沛的金色、光线和暖意倾倒进车厢内。

车轮叮叮咚咚作响，车头用力喷着蒸汽，而车站职员转动红盘警示灯的机械式动作，让梅尔索再度与火车一同急速奔驰，仅有他的不安和清明神智顾守着。车厢内再度是交错变幻的光与影，又是黑色与金色的轮替重叠。德累斯顿、包岑、格尔利茨、列格尼兹。漫漫长夜里，独自面对自己，有充裕的时间让未来人生的举动成形，耐心地与在火车站某转角处萌生的念头搏斗，任由自己被再度擒住和追逐，与其后果会合，然后在光亮舞动的雨丝和光线前再次逃离。梅尔索寻找着能够描述心中希望的那个字、那个句子，好让他的不安闭阖。以他目前这么虚弱的状态，他需要一些公式。白天和黑夜都在这场和动词的顽强搏斗中度过，那画面从此将构成他面对人生时眼神中的所有色泽，那是他把未来编织成悲悯或不幸的梦想。他闭上双眼。过活，需要时间。一如所有的艺术作品，人生需要仔细思索。梅尔索思索着自己的人生，并让自己狂热的意识和渴望幸福的意志在车厢内漫游。这些日子里，横跨欧洲的这列车厢，对他而言就像监狱牢房，人在其中借由自己参不透的东西，学习着了解人。

第二天早上，尽管四下是郊外旷野，火车明显放慢了速度。距离布雷斯劳尚有数个小时车程，这天就在浩瀚的西利西亚平原展开，平原上一棵树也没有，阴霾而荷载着雨水的天空下，处处是胶着的泥泞。视野尽头那端,每隔一段距离,许多羽翼光泽明亮的黑色大鸟,一群群地飞翔在地面上方几公尺处,它们无法在石板般沉重的天空下飞得更高。它们盘旋得缓慢而沉重,偶尔其中一只会离开群体,贴向地面,仿佛与大地合而为一,再以相同厚重的方式远离,永无止境似的,直到它飞得够远,在初始的天际成了个鲜明的小黑点。梅尔索用双手擦拭掉车窗上的雾气,透过手指在窗上留下的几道长痕,殷切地望着外面。从荒凉的大地到黯淡的天空,在他心中浮现出一个无情世界的画面,这是第一次他终于回归自己。在这块回到天真的绝望土地上,他身为迷失在原始世界的旅人,找回了自己的联系。他握拳抱着胸口,脸紧贴着车窗,感受到自己迎向自身的冲劲,确信自己内心沉睡着伟大。他好想栽进这泥泞,想从这一片泥水中钻进地里,再矗立在一望无际的平原上,身上覆满泥土,在海绵和黑炭般的天空前敞开双臂,仿佛面对的是绝望而华丽的人生象征,在最令人反感的东西里宣示自己对世界的支持,声明自己与人生并肩同盟,即使人生是无情和污秽的。自从他出发以来,将他掀起的那巨大冲劲终于首度崩溃了。梅尔索把自己的泪水和嘴唇紧贴着车窗玻璃。车窗上再度起雾,平原消失了。

几个钟头后,他抵达布雷斯劳。远看,这城市像一座工厂烟囱和教堂尖顶的森林。近看,它是由砖块和黑色石头所砌成。戴着窄沿帽子的人们缓缓走着。他跟随他们,在一家劳工咖啡馆度过了一上午。一个年轻人在咖啡馆里吹着口琴:是一些好听而厚重的俗气旋律,能让灵魂获得休憩。梅尔索买了把梳子后,决定继续南下。隔天,他人已在维也纳。他睡掉了部分的白天和全部的黑夜。醒来时,他的烧已完全消退。他早餐狂吃水煮蛋和鲜奶油,有点反胃地出了门,来到一个交替着阳光和雨丝的上午。维也纳是个清新的城市,没有什么好参观的。圣史蒂芬大教堂嘛,太大了,令他感到无聊。他宁愿去教堂对面的咖啡馆,晚间则是去运河岸边的一家小舞厅。白天,他沿着环城大道漫步,悠游在奢华的美丽橱窗和优雅美女之间。他短暂地享受着这种肤浅而奢华的场景,这场景在世上最不自然的城市里,让人与自身分离。但这里的女人很美丽,花园里的花朵肥美且鲜艳夺目;而傍晚时分的环城大道上,在流动于路上的闪亮而惬意的人潮中,梅尔索端详着文物建筑顶端,那些石马雕像似乎想飞向红色的天际却不能如愿。这时,他想起自己的朋友萝丝和克莱儿。于是自里昂以来,他首度写信。事实上,倾泻在信纸上的,是他满溢的沉默:

我的孩子们：

　　我正从维也纳写信给你们。不晓得你们现在过得如何。我呢，一面旅行一面赢取自己的人生。我以苦涩的心情见到许多美好事物。在这里，美感让位给文明。令人欣慰。我不参观教堂或古迹，只在环城大道散步。傍晚，剧院和宏伟建筑上方，红色夕阳中，石马雕像茫然奔向空中的景象，在我心中留下一种苦乐参半的特殊感觉。早上我吃水煮蛋和鲜奶油。我很晚起床，旅馆的服务体贴入微，主厨的手艺令我感动，我总被佳肴撑得很饱（噢，那鲜奶油真美味）。这里有精彩好戏也有美女。只缺真正的阳光。你们在做些什么呢？跟我这个无所事事且无处可去的可怜家伙，聊聊你们和阳光吧。

帕特里斯·梅尔索　谨上

　　这天晚上，写完信后，他又去舞厅。他这一晚留下了其中一位舞女，她名叫海伦，会说一点法语，且听得懂他的破德语。凌晨两点步出舞厅后，他送她回家，以全世界最标准的方式做了爱，早上发现自己赤裸裸躺在一张陌生的床上，贴着海伦的背。他淡然地带着好心情欣赏她修长的腰身和宽阔的肩膀。他离去时不想吵醒她,在她一只鞋子里放了一张钞票。他走到门口时,听到有人喊住他:"哎,亲爱的,你弄错啦。"他回到床边。他确实弄错了。由于不熟悉奥地利钱币,他原本想放一张一百先令,却放了一张五百的。"没错,"他微笑说,"是给你的。你昨晚很棒。"海伦蓬乱金发下那张缀着雀斑的脸庞泛起笑容。她忽然在床上站起来,亲了他的脸颊。这一吻想必是第一个她发自内心给他的吻,使梅尔索心中澎湃不已。他扶她躺下,替她把被子盖好,再度走到门口,微笑望着她。"永别。"他说。她把被子拉到鼻头,被子上方的双眼瞪得大大的,一句话也说不出口,就这么任由他离去。

过了几天,梅尔索收到一封自阿尔及尔寄来的回信:

亲爱的梅尔索:

  我们都在阿尔及尔。你的孩子们将会很高兴见到你。既然你无所事事且无处可去,不如来阿尔及尔,你可以住在我们屋子里。我们呢,可快乐了。当然,我们有点惭愧,但这更多是为了面子,也和偏见有关。如果你对快乐有兴趣,不妨来这里试试。总比当个再次服役的士官要好。我们伸出额头,期待你父亲般慈祥的吻。

萝丝、克莱儿、凯特琳

又，凯特琳不认同父亲这个说法。凯特琳和我们住在一起。如果你愿意，她可以当你的三女儿。

他决定经由热那亚返回阿尔及尔。有些人在采取重大决定并演出人生关键戏码之前，需要让自己独处；同样的，他呢，由于一直被孤独和陌生感所荼毒，在展开自己的人生戏码之前，也需要避退到友谊和信任里，尝一尝表象的安全感。

在跨越意大利北部驶向热那亚的火车上，他聆听着心中一路唱向幸福的千万个声音。才遇到第一棵直挺挺矗立在纯净土地上的柏树，他就让步了。他仍感到虚弱和发烧，但他心中有某个东西软化了、放松了。不久，随着太阳向天际迈进，随着火车离海愈来愈接近，从火红而跳跃的浩瀚苍穹，倾泻出一道道空气和光芒跃动在悸动的橄榄树上，在这苍穹下，翻腾着的世界的骚动与他心中的兴奋合而为一。火车的声响、拥挤车厢内的喋喋嘈杂声、在他四周欢笑和歌唱的一切，伴随着一种内心的舞蹈，而且节奏一致，使他有好几个钟头的时间仿佛被静静不动地抛至世界尽头，而那舞蹈最终将欣喜而缄默的他送入震耳欲聋的热那亚——坐落在海湾、映照着天空的热那亚，神采飞扬，欲望和慵懒总是交战直至夜晚。他饥渴地想要爱、想要欢愉和拥吻。灼烧他的天神把他扔到海里，扔到港口的一个小角落，那里的海水品尝得到交融的沥青和海盐，他因拼命游泳而失去了极限。接着，他流连于老街狭窄而充斥着气味的巷弄间，任由色彩替他呐喊，享用被太阳重压的房舍上方的那片天空，再让趴在夏日垃圾之间的猫替自己休息。他走上能俯瞰热那亚的那条路，深深吸了一口气，任由满载着芬芳和光芒的整片海洋向他飘升而来。他闭上双眼，紧抓着所坐的那块暖热石头，再睁眼时看到的是这座城市，那里放肆的生命以一种令人激昂的低劣品味咆哮着。接下来几天，他也喜欢坐在通往港口的斜坡上，中午时看着从办公室走向堤道的年轻女孩们经过。她们脚穿凉鞋，轻质浅色洋装里的乳房并无拘束，她们令梅尔索口干舌燥、怦然心动，他心中的欲望既自由又合理。晚间，和他在马路上相逢的又是相同的那些女人，他腰间怀着一股盘绕的火热欲望、炽烈温柔得蠢蠢欲动的野性，尾随在她们身后。整整两天，他都被这种非人的炽火燃烧着。第三天他离开热那亚，前往阿尔及尔。

一路上，他端详海面上水和光线的变化，从早上到正午再到晚上，他让心随着天空缓缓跳动，回归自己。他并不是很信任某些太过粗鄙的治疗。他平躺在甲板上，明白自己不该睡着，而该保持清醒，即使有朋友相伴，即使拥有灵魂和身体的舒适，也要保持清醒。他必须去打造自己的快乐和其理由,而想必现在这件事对他而言比较容易了。海上忽然变得较凉爽,随着一股奇特平静感渗入他心中,随着第一颗星星缓缓在天际固化成形,而天空的光线以绿色死去,再以黄色重生,他感觉在历经了这场动荡和风雨后,内心阴暗不良的部分已沉淀下去,让灵魂透明的清澈水流得以回归美好和坚定。他看得很清晰。女人的爱,他期盼已久。他却不适合爱。这辈子以来,从港口的办公室、他的房间和睡梦、他的餐馆和情人,他一直苦苦寻觅一种幸福,而在内心深处,他其实认定这种幸福是不可能的,就像世上所有人一样。他只是假装自己想要快乐,从来不曾有意识地刻意如此要求。从来不曾如此,直到那一天……而从那一刻起,只因为一个清楚思量计算过的举动,他的一生改变了,于是幸福似乎变得可能了。他想必是在痛苦中创造出崭新的人。可是比起他之前演的那出卑劣荒唐戏码,这又算得了什么?譬如他就看得出来,他先前之所以对马莎有依恋,与其说是爱情,更该说是虚荣。乃至于她献给他的那对奇迹般的嘴唇,也只是一股力量惊奇愉快地苏醒,并展开探索。这整段感情,事实上只是把起初的惊奇换成确信,把谦卑换成虚荣。他喜欢和她一起去戏院的那些夜晚,喜欢众人目光被她所吸引,喜欢他把她呈现在世界面前的那一刻。他透过她、她的魅力和她的生命力而爱着自己。连他的欲望、对这个肉体的迷恋，或许也来自起初的惊奇，惊奇于竟能拥有一个特别美丽的胴体，能凌驾它，并能羞辱它。现在，他知道自己不适合这份爱，而是适合他如今侍奉的暗黑之神的天真而可怕的爱。

一如经常可见的，他人生中最美好的部分，终究与最糟的部分结合而密不可分。克莱儿和她那些朋友、萨格勒斯和他追求快乐的意志，结合到了马莎身上。他现在知道，该是他追求快乐的意志必须采取行动了。但他也明白，最需要的是时间，拥有充裕的时间既是最美好、也是最危险的一种经验。只有庸俗之人觉得空闲无事很要命。很多人甚至无法证明自己不是庸俗之人。他已争取到这项权利，但还得身体力行去证明。只有一件事和之前不一样了。关于自己的过去和自己所失去的，他感觉已不再受它们所束缚。他只想要内心的紧束和密闭，只想要面对世界时的清醒和耐心热忱。一如按压并使其失去弹性的一块热腾腾的面包，他只想把自己的人生握在手中。就像在火车上的那两个漫漫长夜一样，他能和自己说说话并准备迎接生活。把人生当成麦芽糖般舔舐、塑造它、磨锐它，乃至爱它，这就是他最为热衷的事。像这样地存在于自己面前，他今后所需努力的，即是将这份存在呈现在人生中的所有脸孔面前，哪怕代价是孤独，是他现已知道如此难以承受的一种孤独。他绝不会叛逃。他所有的爆发力将协助他达到这一点，它带领他到哪里，他的爱就会前赴会合，宛如一种对生命的激愤热爱。

大海缓缓磨搓着船只的两侧。天空满载着星星。沉默的梅尔索感觉到自身有极强且极深的力量，能去爱和欣赏这个有着泪水和太阳脸孔的人生、这个海盐和暖热石头之间的人生。他感觉仿佛只要抚摸它，他所有爱和绝望的力量便会交织在一起。这便是他独特的贫穷和富裕。仿佛他归零之后，重新展开一盘新局，但这回他业已熟知面对命运时，压迫着他的那些自身力量和那股心神清醒的燥热。

接着便是阿尔及尔了，于早晨缓慢地抵达当地。面向大海如瀑布般壮观的卡斯巴山城、丘陵和天空、敞开臂膀的海湾、树林间的房舍，以及已经近在眼前的码头气味，于是梅尔索赫然发现，自维也纳以来，他一次也不曾想到萨格勒斯这个他亲手杀害的人。他承认自己有一种孩童、天才或无辜者才有的遗忘本领。无辜，他欣喜若狂地，终于明白自己很适合快乐。

第三章

梅尔索和凯特琳在阳光下的露台上吃早餐。凯特琳身穿泳衣,而男孩(他的女性朋友都这么称呼他)则穿着泳裤,脖子上围了条毛巾。他们吃着盐渍西红柿、马铃薯色拉、蜂蜜,及大量水果。他们把桃子冰镇在冰块里,拿出来时舔舐绵密果皮绒毛上汗滴般的水珠。他们也榨了葡萄汁,一面喝一面把脸迎向太阳,把脸晒成深色,至少梅尔索是如此,他知道晒成深色有好处。

"好好感受阳光。"梅尔索把手臂伸向凯特琳说。她舔舐那手臂。"是呀,你也好好感受一下。"他感受了,然后一面抚摸着自己肋间,一面躺下来。她呢,则趴下来,把泳衣褪至腰间。

"我这样不会不正经吧?"

"不会。"男孩说,他并未观看。

阳光倾泻着,在他脸上徘徊。他的毛孔略微湿润,吸闻着这笼罩着他且令他沉睡的火。凯特琳细细品味阳光,呻吟叹道:

"真好!"她说。

"是呀。"男孩说。

这屋子就攀在一处看得到海湾的山丘顶。附近的人都称它作"三个女大学生的屋子"。上去得爬一条很陡的小路,路的开头是橄榄树,尽头也是橄榄树。路的中段有一片像是平台的地方,平台有一面灰色的墙,墙上满是淫秽图画和政治标语,读了能让爬累的旅人恢复力气。之后,又是橄榄树、宛如晾在树梢间的一片片蓝色天空,还有锈褐色遮棚下乳香黄连木的气味,遮棚下挂着有待风干的紫色、黄色和红色布匹。旅人抵达这里时已狼狈得满头大汗、气喘吁吁,推开蓝色小栅门时得谨防九重葛的卷须,然后再爬一座陡如天梯的阶梯,但阶梯覆有蓝色遮阳棚,让口渴的感觉得以缓和。萝丝、克莱儿、凯特琳和男孩把屋子称作"眺望世界之屋"。由此可饱览山下全景,它就像一叶悬在灿烂天际的小舟,能俯瞰世间多彩多姿的舞蹈。从最下方那曲线完美的海湾,有一股力搅拌着青草和阳光,把松树和柏树、蒙着沙尘的橄榄树和尤加利树,一路送上来到屋子跟前。在这恩赐的深处,依随不同的季节，会开出白色的大蔷薇花或含羞草，又或是屋子墙边的忍冬，会于仲夏夜晚释放出芬芳。白色的晾晒衣物和红色的屋顶，在海洋的微笑上方，是用图钉般从海平线一端钉到另一端的毫无一丝绉痕的天空，"眺望世界之屋"把大片大片的窗户对准这些缤纷的色彩和光芒。远处，紫色高山的一条棱线，以其陡坡与海湾相连，把这份陶醉囊括在它遥远的轮廓中。于是，再也没有任何人抱怨山路的陡峭或爬坡的疲惫。在这里，每人每天都有要征服自己的喜悦。

像这样地活在世界的面前，这样地感受自己的重量，这样地每天看到自己脸庞明亮起来再晦暗下去，住在屋子内的四人清楚意识到一种存在，它既是他们的评断者，也是一种理由。在这里，世界拟人化了，成了他们乐于寻求建议的对象，它公正平衡却并未抹煞爱。他们请它作证：

"我和这个世界呀，"梅尔索并未针对任何主题地说，"我们不认同你。"

对凯特琳而言，让身体赤裸意味着抛开偏见。她常趁男孩不在时，在露台上脱掉衣服。她望着天空的颜色更迭，一面以感性的自傲在用餐时说：

"我刚刚在世界面前赤裸。"

"是呀,"梅尔索鄙视地说,"比起自己的感觉,女人自然更喜欢自己的想法。"凯特琳听了很激动,因为她不想要成为知识分子。萝丝和克莱儿便会异口同声地说:

"别说了,凯特琳,是你不对。"

因为他们公认凯特琳永远是错的,毕竟她是大家同等关爱的人。她拥有一个沉重而有曲线的体态,有着烤焦面包般的肤色,并拥有一种动物本能,能认出世间的精华。没有谁比她更懂得解读树、海和风的高深语言。

"这个小妞呀,"克莱儿一面吃着,一面说,"是一股大自然的力量呀。"

接着大家都出去晒太阳,不再说话。人会削弱人的力量,世界却会让这力量保持完整无缺。萝丝、克莱儿、凯特琳和梅尔索,在屋内窗边时,是活在意象和表象之中,他们认可彼此相系的这种游戏,为友谊也为温馨而欢笑;但一旦回到海天之舞的面前,他们又重新见到命运的隐晦色泽,并终于和最深沉的自己相会。偶尔,那些猫凑来主人们身边。上前来的是咕啦,它总是一副受到侵犯的模样,宛如一个有着绿色眼睛的黑色问号,又瘦又敏感,忽然发狂似的,对着影子张牙舞爪。"那是内分泌的问题。"萝丝说。说完大笑,在一头鬈发下笑得全心全意,圆形眼镜下的双眼高兴得眯起来,直到咕啦跳到她身上(优惠待遇)。萝丝的手指游走在它光泽明亮的皮毛上,它变得缓和、变得放松,成了一只眼神温柔的母猫,她用亲如手足般的轻柔双手安抚咕啦。因为猫是萝丝通往这世界的出口,就像赤裸之于凯特琳那样。克莱儿偏爱另一只名叫卡利的猫。它温和又憨傻,就像它那一身脏灰的白毛一样,且任人欺负。克莱儿有着一张佛罗伦萨人的脸庞,她感觉自己的灵魂很美好。她沉默又封闭,情绪来得突然,胃口甚好。梅尔索眼见着她发胖,不禁责备:

"你令我们反感。"他说,"一个美丽的人儿,没有变丑的权利。"

但萝丝插话了:"你别老是逗弄这孩子!克莱儿妹妹,放心吃吧。"

一天,就在丘陵四周和海上,在细致的阳光之间,从日出转到日落。大家欢笑、嬉闹、计划。每个人都对表象微笑,并假装臣服于其下。梅尔索从世界的脸孔,迎向年轻女子们严肃和微笑的脸庞。这个忽然出现在他四周的天地,偶尔令他惊讶。信任和友谊、阳光和白色屋舍、几乎听不到的弦外之音,从这当中萌生出完整无缺的快乐,他能精准体验到它的振频。他们都认为,"眺望世界之屋"呀,不是一间让人可以玩耍的屋子,而是一间让人可以快乐的屋子。梅尔索很能体会这一点，特别是当脸面向夜空时，随着最后一阵微风，所有的人都任由一种冲动进入自己心中，即想要让自己什么也不像的一种人性而危险的冲动。

今天日光浴后，凯特琳出门上班去了。

"亲爱的梅尔索，"萝丝忽然现身说，"我有个好消息要告诉你。"

这天，在露台上，男孩认真地躺在一张躺椅上，手里捧着一本侦探小说。

"亲爱的萝丝，请说。"

"今天轮到你下厨了。"

"好。"梅尔索一动也不动地说。

萝丝离去了，背着她的大学生书包，书包里以相同漠然的心情装了午餐的甜椒，及拉维斯[1]所著的乏味无聊的《法国史》第三册。想煮扁豆的梅尔索，一直拖到十一点，端详着土红色墙面的客厅，客厅里有沙发和置物架，绿色、黄色和红色的面具，还有着橘红色条纹的米灰色壁纸，然后才匆匆把扁豆另外用开水煮，又倒油到锅子里，放点洋葱，然后一个西红柿、一把野菜，来回

---

[1] 拉维斯（Ernest Lavisse，1842~1922），法国史学家。

忙碌着，并忍不住骂了骂不断喊饿的咕啦和卡利。萝丝明明昨天跟它们解释过了：

"你们两个兔崽子，要知道，"她说，"夏天太热了，不会饿的。"

十一点四十五分，凯特琳回来了，她穿着轻质洋装和凉鞋。她需要冲个澡和来一场日光浴。待会儿，她将成为最慢上桌的人。萝丝将厉声说："凯特琳，真受不了你。"浴室里传来冲水声，这时克莱儿气喘吁吁出现了：

"你要煮扁豆？我知道一个很棒的做法……"

"我知道。我会加鲜奶油……我们听过太多次了，亲爱的克莱儿。"

大家都知道，克莱儿做菜总一定会加鲜奶油。

"他说得对。"刚到的萝丝说。

"是呀。"男孩说，"上桌吧。"

他们用餐的这个厨房，活像间杂货铺。这里应有尽有，甚至有一本记事本，能记下萝丝说过的所有佳句。克莱儿说："我们要时髦，但也要简单。"随即徒手捏起自己盘中的香肠吃。凯特琳在合理的范围内姗姗来迟，神情恍惚又病恹恹，双眼因睡意而苍白无神。她的灵魂不够愁苦，不会去想办公室的事——办公室每天从世界和她的人生夺走八个小时,以奉献给一台打字机。她的另两个女性朋友却能明白,并思索着自己的人生若如截肢般被割去了八个小时,会是何种模样。梅尔索缄默不语。

"是呀,"不爱感情用事的萝丝说,"至少让你有事可忙。而且你天天跟我们讲你办公室的事。我们不让你说话了。"

"可是……"凯特琳叹道。

"不然的话,投票嘛。一、二、三,你是少数,要服从我们多数。"

"你看吧。"克莱儿说。

扁豆端上桌了,煮得太干了,每个人都默默地吃。每当轮到克莱儿下厨,上桌品尝时,她总会一派满意地加一句:"可真好吃呀!"但梅尔索好面子,宁可闷不作声,直到大家哈哈大笑。凯特琳今天运气不佳,却想争取一周工作四十个小时[1],便想找人陪她去一趟劳工总工会。

"不要,"萝丝说,"毕竟上班的人是你。"

这股"大自然的力量"自讨没趣,径自去阳光下躺着。但不久,所有的人也都跟着去了。克莱儿漫不经心地抚摸凯特琳的头

---

[1] 法国一九三六年通过一条法令,让劳工每周工时从四十八小时降至四十小时,以期提升工作环境的品质。但此政策并不长寿,两三年后即宣告破产。

发,一面认定"这孩子"所欠缺的是男人。因为在"眺望世界之屋",大家习惯于替凯特琳拿主意、替她决定她需要什么,并替她制订数量和种类。当然,她偶尔会嚷嚷说自己已经够大了等等,但别人不听她的。"可怜的孩子,"萝丝说,"她需要个情人。"

接着每个人都让自己沐浴在阳光中。不记恨的凯特琳于是聊起她办公室的八卦,还聊到那位新婚、金发高大的蓓蕾兹小姐,之前她是如何周游各部门打听信息、业务人员是如何故意告诉她一些可怕的描述,以及她蜜月旅行回来后,是如何如释重负地笑着说:"其实也没那么可怕嘛。""她三十岁了。"凯特琳语带同情地补充说。

萝丝不乐于听这些太惊险的闲事。"喂,凯特琳,"她说,"这里可不是只有女生而已。"

在这个时间,航空邮件班机从城市上空飞过,金属机身金光闪闪的光芒漫步在地面和天际。它进入海湾的律动,像海湾一样俯身,融入世界的驰骋,然后忽然间就此停止嬉戏,瞬间转向,缓缓沉向海面,在大爆炸般的水花中,降落在白色和蓝色的水面上。咕啦和卡利侧躺着,它们蛇般的小嘴里,露出粉红色的软腭,穿插着华丽而淫秽的梦境,让它们的身侧不时战栗。上方的天空,用力从高处坠下阳光和色彩的重量。凯特琳闭着双眼,感受着这把她带回自己内心深处的、漫长而深沉的坠落,内心那个如天神般呼吸的动物,轻轻蠕动着。

随后的星期天,有客人上门。轮到克莱儿下厨。因此萝丝削了蔬菜的皮,摆好桌上的餐具和杯盘;克莱儿把蔬菜放入锅里,一面在她房内阅读,偶尔冒出来监督烹煮的情形。由于摩尔人米娜今天上午没来,她今年第三度失去了父亲,因此萝丝也一并打扫了家里。第一位客人到了,是爱莉安,梅尔索称呼她为理想主义者。"为什么呢?"爱莉安问。"因为每当别人告诉你一件是真的却令你无法接受的事时,你总说:'是真的,可是这样不好。'"爱莉安有一副好心肠,认为自己很像《戴手套的男人》[1],但别人都不苟同。她的房间里贴满了《戴手套的男人》的复制画。爱莉安正在研究一些事。她首次来到"眺望世界之屋"时,说自己很高兴住在这里的人"毫无偏见"。随着时间过去,她渐渐发现这样并不方便。没有偏见,无疑是告诉她,她精心琢磨所说出来的故事十分无聊,不论她说什么,别人都不带恶意地告诉她:"爱莉安,你很笨耶。"

爱莉安和诺埃——诺埃也是客人,他以雕刻为生——进到厨

---

[1] 《戴手套的男人》(Uomo dal guanto),文艺复兴时期意大利画家提香的作品。

房时,碰巧遇到了从来不以正常姿势下厨的凯特琳。她仰躺着,一手拿葡萄吃,一手正开始拌制美乃滋酱。萝丝穿着一件蓝色大围裙,很欣赏咕啦聪明地一跃跳到砖砌灶炉上,吃中午的甜点。

"你们看看,"萝丝一派怡然自得地说,"你们看看,它居然这么聪明。"

"是呀。"凯特琳说,"它今天又超越了自己。"并说今天早上,愈来愈聪明的咕啦,把绿色小台灯和一个花盆打破了。

爱莉安和诺埃大概太气喘吁吁了,没有余力表达心中的反感,决定自己拉张椅子来坐,因为没人想到要请他们坐下来。克莱儿来了,她友善又仓促地与客人握了握手,并品尝正在火炉上烹煮的法国南部式鱼汤。她认为大家可以上桌了。今天梅尔索迟到了。不过此时他也到了,滔滔不绝地向爱莉安说他心情很好,因为街上的女人很美。时节才正要转热,但清凉的衣着以及在衣着下颤动的坚挺胴体,已开始现踪影。依梅尔索自己的说法,这一切看得他口干舌燥、脑门怦怦跳,且腰间火热。听到如此明确具体的形容,爱莉安拘谨地保持沉默。餐桌上,最初几匙鱼汤下肚后,紧接而来的是一片错愕。淘气的克莱儿以非常纯粹的语调说:

"恐怕得说,"她说,"这鱼汤有一股烧焦洋葱的味道。"

"才没有。"诺埃说。大家都喜欢他的好心肠。

于是，为了考验这副好心肠，萝丝请他替这屋子添购为数不少的用品，譬如浴室热水器、波斯地毯和冰箱。诺埃的回复则是请萝丝祷告，祷告让他能中乐透彩。

"既然要祷告，"萝丝务实地说，"我们还不如替自己祷告！"

天气很热。厚重的热气，使冰镇的酒和不久即送上桌的水果显得弥足珍贵。喝咖啡时，爱莉安谈起爱情，谈得勇气十足。她如果爱上了，就会结婚。凯特琳却跟她说，爱上的时候，最急着做的事情是做爱，这种物质主义心态使爱莉安大为震惊。萝丝则务实地说，如果"很不幸地，经验不能证明婚姻会扼杀爱情"，那么她也会认同。

但爱莉安和凯特琳把各自的思绪逼入对立，因此变得不公正，就像人发脾气时，自然而然会变成的那样。向来以形体与黏土来构思的诺埃，他相信女人、相信孩童，也相信具体而沉重的人生的古朴真理。于是，再也受不了爱莉安和凯特琳吵架的萝丝，忽然假装明白了诺埃经常上门作客的目的。

"真感谢你，"她说，"你一定不知道，这件事让我多么激动欣喜。我明天就把我们的'计划'告诉我父亲，你再过几天就能亲自询问他。"

"这……"诺埃一头雾水地说。

"噢，"萝丝继续神采飞扬地说，"我明白。但你不必开口，我便已明白你的心。你是那种沉默寡言、需要旁人揣测心意的人。其实我很高兴你终于表白，因为你如此频繁地造访，已玷污了我纯洁的声誉呀。"

诺埃感到有趣，又隐约有些忐忑，表示很高兴看到她如愿以偿。

"甭说，"梅尔索点燃一支烟之前说，"你得动作快一点了。以萝丝的情形，你不加快脚步都不行。"

"怎么？"诺埃说。

"我的天呀，"克莱儿说，"现在才两个月而已呢。"

"而且，"萝丝温柔且有说服力地又说，"到了你现在这个年纪，应该很乐于从别人的孩子身上看到自己的身影。"

诺埃有点皱起眉头，于是克莱儿和善地说：

"开玩笑啦，请宽心看待。我们到客厅去吧。"

关于原则的讨论顿时到此告一段落。然而，默默行善的萝丝仍轻声对爱莉安细语着。在客厅里，梅尔索凑向窗边，克莱儿站在桌前，凯特琳则躺在席垫上。其他人坐在沙发上。市区和港口弥漫着浓浓雾气。但那些拖船又开始作业，它们低沉的呼唤一路传送到这里，伴随着柏油和鱼货的气味，以及最下方的红色和黑色船只、生锈缆桩和缠着黏滑海草锁链的气味,苏醒了整个世界。那是一种阳刚而兄弟般的呼唤,来自一种有着力量况味的人生,这呼唤天天如此,这里的每一个人都能感受到其诱惑或直接的呼唤。爱莉安感伤地对萝丝说:

"说穿了,你和我一样。"

"不是的,我只想要快乐,且愈快乐愈好。"

"而爱情并不是唯一的途径。"梅尔索头也没回地说。

他相当喜欢爱莉安,生怕刚才那样惹她难过。但他能理解萝丝想要快乐的心情。

"这种理想实在不怎么样。"爱莉安说。

"我不知道这算不算一个不怎样的理想,但至少是个健康安全的理想。而你看,这样呢……"梅尔索并未继续说下去。萝丝稍微闭上了眼睛。咕啦蹬到她腿上,萝丝一面缓缓抚摸猫的头骨,一面预想着这场秘密婚事,眼睛半眯的猫和静静不动的萝丝,都将以相同的眼神,看到一个相似的天地。拖船阵阵悠长的呼唤声中,每个人各自沉思着。咕啦窝在萝丝的腰弯里,她任由它愉悦的呼噜声升向她。热气按住她的双眼,让她沉浸在满是自己脉搏声的一片安静中。猫白天整天睡觉,从第一颗星星出现到破晓这段时间则做爱。它们的情欲很浓烈,它们的梦境无声深沉。它们也知道躯体有个灵魂，但灵魂毫无用武之地。

"是呀，"萝丝睁开眼睛说，"想要快乐，且愈快乐愈好。"

梅尔索想着露希妍·海娜尔。稍早之前，当他说街上的女人很美，其实他特别想说其中一个女人在他看来很美。他是在朋友家认识了她。他们一星期前一同出游约会，由于没事做，在那个温暖的美好早晨，便沿着港口的大街散步。她始终拘谨沉默，梅尔索送她回家时，意外发现自己握了她的手良久，并对她微笑。她相当高大，头上并未戴帽子，脚穿凉鞋，身上则是一件白色麻质洋装。他们在大道上逆着轻风漫步。她把整个脚底贴放在暖热的石板地上，以此为着力点，轻盈地迎风蹬步前进。在这个举动中，她的洋装贴着她，勾绘出她平坦紧实的腹部。她向后拢的一头金发、小巧直挺的鼻子、乳房曼妙的曲线，让她展现出一种她和大地协定相连的秘密默契，使她举止四周的世界都得听从。她的右手缀有一条银手链并挽着包包，手链与包包扣环碰撞发出喀喀声，而当她把左手举到头顶遮挡阳光，右脚尖仍在地面却即将离地的时候，梅尔索感觉她的一举一动仿佛都和世界相连了。

就在此时，他感受到让他脚步和露希妍脚步一致的神秘默契。他们一起走得很顺，他不需特别费力配合。露希妍的平底鞋想必也有所帮助。他们各自的步伐，在长度和柔软度上，又有彼此相同的部分。梅尔索也在此时注意到露希妍的沉默和脸上拘谨的神情。他心想她大概不聪明，因而暗自欢喜。欠缺知性之美，它有一种神圣性，而梅尔索比任何人都更珍惜这一点。这一切使得他说再见时却对露希妍的手流连忘返，使他经常再去找她，和她以相同的安静步伐一起漫步，一起把晒褐了的脸面向阳光或星星，一起去游泳，让彼此的举止和步伐变得一致，除了彼此的身影其余什么也互不交流。直到昨晚，梅尔索在露希妍的唇上，再度遇到熟悉而令人神魂颠倒的奇迹。到目前为止，令他动容的，是她依偎着他衣服的样子，是她揽着他手臂跟着他走的样子，是这份放松和信任，触动了他内心的那个男人。还有她的沉默，让她完完全全处在当下的举动，让本来就像猫的她更像猫，而她原本就严肃的一举一动已经让她很像猫了。昨天，晚餐后，他和她一起去港口散步。走了一会儿，他们在大道的斜坡旁停下来，露希妍贴向梅尔索。在夜色中，他感受到手心里冰冷而立体的脸颊以及暖热的双唇，他让手指浸淫在这个温度中。于是，对他而言，这犹如一声漠然又火热的强大呐喊。面对着星星满到要爆开的夜空，还有城市，宛如一个倒置的天空，满载着人世间的光芒，城市上方深沉的热腾腾气息从港口飘向他的脸，他忽然渴望起有温度的源头，想要义无反顾地在生机盎然的双唇上，攫取这个无情而沉睡的世界的所有意义,仿佛那是藏在她嘴里的一片静谧。他俯身,结果仿佛吻了一只小鸟。露希妍呻吟。他啃咬了她的唇,在几秒之间,他嘴贴着嘴,吸进了这份温度,随着它遨游,仿佛他把整个世界紧紧拥在怀里。她则犹如溺水般紧紧抓着他,不时试图跳出她所跳入的深渊,于是推开他的唇,随即又拉回来,再度坠入冰冷黑暗的深渊,那深渊如神圣的空白般包裹着她。

……但爱莉安已准备要离开了。梅尔索即将在房间里,沉思着度过安静而漫长的午后。晚餐时,所有人都安静不语,但皆不约而同地移至露台。日子最终总会接上日子,从因雾气和阳光而闪闪发亮的早上海湾,到暖和的晚间海湾。旭日自海面升起,于山丘后方落下,因为从大海到山丘,只能经由天空这么一条路。世界永远只说一件事,它让人有兴趣,随后又令人倦腻;但总有那么一刻,它因为絮絮叨叨而终于获胜,也因锲而不舍而获得报酬。"眺望世界之屋"的每个日子,是以笑声和简单举止编织而成的华丽布匹,就这样结束在夜空满布星光的露台上。萝丝、克莱儿和梅尔索躺在长椅上休憩,凯特琳坐在矮墙上。

在热情又奥秘的天空,闪耀着夜色幽暗的脸庞。一些亮光闪过远处港口的地方,火车的呼啸声间隔得愈来愈长。星星变大又减弱,消失又重生,彼此勾勒出转瞬即逝的图像,构成崭新的姿态。寂静中,黑夜再度变得厚重扎实。黑夜里尽是游移的星宿,任由眼睛享受这场光影游戏,光影则为眼眶注入泪水。每个人都沉浸在高深的天空里,在这个一切巧妙会合的极端点,重拾了那构成人生中一切孤寂的秘密又温柔的思绪。

凯特琳顿时被爱闷得喘不过气,只能长叹一声。梅尔索感觉到她音调变了,却问:

"你们不冷吗?"

"不冷。"萝丝说,"况且这里这么美。"

克莱儿站了起来,把双手放在墙头上,脸转向天际。就在世间最基本且最高贵的一切面前,她把自己的人生与欲望混而为一,并将她的希望与星星的移动交融在一起。她忽然回过头来,对梅尔索说:

"日子好的时候,"她说,"要信任人生,这样能逼它也好好响应。"

"是呀。"梅尔索说,并未看着她。

一颗星星划过天际。她后方,在已然更暗的夜色中,一座遥远灯塔的光束逐渐扩大。几个人默默攀爬着小路,可以听到他们的脚步声和用力喘息的声音。不久,飘来一阵花香。

世界永远只说一件事。从星星至星星的耐心真相中衍生出一种自由,让我们得以从自己和从其他人释放开来,一如那从死亡至死亡的耐心真相一样。梅尔索、凯特琳、萝丝和克莱儿,于是体验到他们对世界全然放松所产生的快乐。倘若这一夜犹如他们命运的象征,那么他们会希望它既有情欲又秘密,希望它脸上既有泪水又有阳光。而且他们痛苦和喜悦的心,听得懂这通向快乐的死的双重课业。

时候晚了。已经午夜了。在这个宛如世界休息和沉思的深夜面前,一股无声的膨胀和一阵星星的呢喃,预告着即将到来的苏醒。从满装着星宿的苍穹,降下一道颤动的光芒。梅尔索望着他的朋友:凯特琳坐在墙头上,头往后仰;萝丝躺在一张长椅上,双手平放在咕啦身上;克莱儿直挺挺靠着墙壁伫立,饱满额头上有块白斑。都是些勇于快乐、交换彼此的青春且保有自己秘密的年轻人。他走向凯特琳,从她闪着亮光的肩膀望向浑圆的天空。萝丝来到墙边,四人皆站在世界前了。仿佛忽然变得清凉的深夜露水,将他们眉间的孤独痕迹洗去,让他们得以从自我解脱,透过这个颤动而短暂的洗礼把他们还给世界。在这个天空满溢着星光的时刻,他们的举动凝结在天空无声的偌大脸孔上。梅尔索将手举向黑夜,挥手时撩起一束束的星星,天空之水被他手臂所翻腾,而阿尔及尔在他跟前,在他们四周,宛如一袭宝石和贝壳的闪烁又灰暗的大衣。

第四章

清晨，梅尔索车子的雾灯照亮在海滨公路上。离开阿尔及尔市区时，他追上并超越一辆辆牛奶货车，那由热汗和马厩混合出的马匹气味，令他更清楚地觉察到清晨的清凉。天色仍漆黑一片。最后一颗星星缓缓在天上融化，黑暗中发亮的公路上，他只听到引擎快乐如野兽般的声音，以及稍远处偶尔传来的马蹄声，和满载牛奶罐的哐啷声，直到在一片漆黑的公路上，他的车灯照亮马脚上闪闪发亮的四个铁蹄。接着一切又被速度的声音所掩盖。他车速变快了，黑夜迅速转为白昼。

车子从阿尔及尔丘峦间的黑夜出来，来到一条滨海的通畅公路上，早晨正浑然成形。梅尔索的车子飞速奔驰着。因露水而湿润的路面，使车轮如通风孔排气的微弱声音倍增。每次行经弯道，一记刹车便使轮胎尖声嚎叫，而在直线道，低沉的隆隆加速声短暂盖过下方从沙滩传上来的海浪声。人在车上所感受到的孤独，只有搭机能让人更明显地感受到。梅尔索完完整整地和自己相处，精确的一举一动让他感到满足，同时能回归自己、回归自己正在做的事。白昼现在已大剌剌敞开在路的尽头。旭日自海面升起，刚才仍荒凉空旷的路边田野，此刻也随之苏醒，满是展开红色翅翼的鸟儿和飞虫。偶尔有农夫穿越田野，而疾速前进的梅尔索，脑海留下的画面仅是一个背着袋子的身影，以沉重的步伐踏在肥沃多汁的土地上。车子不时把他带向能俯瞰海岸的山坡。这些山坡愈见陡峭，稍早之前还只是阳光衬托下不明显的剪影，现在迅速接近，细部也变得清晰分明。忽然呈现在梅尔索眼前的山坡，满是橄榄树、松树和涂了灰泥的小屋子。接着，另一处弯道把车子抛向大海，大海的涨潮升向梅尔索，就像一份充满海盐、睡意的献礼。车子于是在公路上呼啸，继续前往其他山坡和总是一成不变的海岸。

一个月前，梅尔索向"眺望世界之屋"宣布他将离开。他将先旅游一阵子，再定居于阿尔及尔一带。过了几个星期，他回来了，他知道从今以后，旅游对他而言成了一种奇怪的生活：更换环境，他觉得只是一种不安的快乐。而且他也感受到一股不明的疲倦。他迫不及待想实现之前的计划，即于距离蒂帕萨废墟数公里处的什努亚区，在倚山傍海的地方买一栋小屋。到了阿尔及尔，他把自己人生的外在场景布置好。他买了不少德国医药产品的有价证券，聘请了一名经理人管理这笔生意，因此有了正当理由不用待在阿尔及尔，并且过着无拘无束的生活。投资生意的表现差强人意，他偶尔入不敷出，也使这笔收入得以不带内疚地贡献给他那强烈的自由。的确，只需把世界能理解的一面呈现给世界即可，剩下的交给懒惰和懦弱就行了。只要几句廉价的倾诉告解话语，就能赢取无拘无束。接着，梅尔索着手打理露希妍的生活。

她没有亲人，独自生活，在一家煤炭公司担任秘书，常吃水果，并从事健身活动。梅尔索借书给她。她还书时不曾说什么。他若问起，她便答道："是呀，不错。"或者："内容有点忧伤。"他决定离开阿尔及尔的那天，提议要她和他一起生活，但要她仍住在阿尔及尔，不用工作，等他需要她的时候再去找他即可。他说得相当诚恳，免得露希妍感到受侮辱，这其中其实也没有任何侮辱之意。露希妍经常透过身体来觉知她心灵所无法了解的。她接受了。梅尔索又说：

"你若介意的话，我可以承诺娶你。但我觉得似乎没有必要。"

"就按照你的意思吧。"露希妍说。

一星期后,他娶了她,并准备出发。在这期间,露希妍替自己买了一艘橘色独木舟去蓝色的海上划。

梅尔索猛地急转弯,闪躲一只早起的母鸡。他思索着和凯特琳的那一番对话。离去的前一天,他离开"眺望世界之屋",独自去旅馆过了一夜。

当时是下午,由于上午下了雨,整个海湾就像一面洗涤过的玻璃窗,而天空就像刚洗净的清新衣物。正前方,海湾曲线尽头的岬角显得无比皎洁,它被阳光照得金黄,宛如夏季一尾大蛇平躺在海面上。梅尔索把行李都整理好了,现在,他手臂倚靠着窗框,殷切地望着这个世界的新生。

"既然你在这里很快乐,我不明白你为何要离开。"凯特琳对他说。

"小凯特琳呀,我恐怕会被别人所爱,这样我就无法快乐了。"

凯特琳窝在沙发上,头略微低着,以她那无底的美丽眼神望着梅尔索。他头也没回地说:

"很多人把生活弄得很复杂,替自己安排命运。我呢,非常简单。你看……"

他对着世界说话,凯特琳觉得自己像是被遗忘了。她望着梅尔索倚着窗框的手臂末端垂着的修长手指、望着他只倚放于单侧臀部的站姿,以及她所看不到而只能想象的他的朦胧眼神。

"我想要说的是……"她说,但沉默下来,望着梅尔索。

趁着风平浪静,海面上逐渐出现一些小帆船。它们驶上航道,展开翼帆填满航道,又忽然把驰骋方向转向外海,在身后留下一道气流和水流,绽放成长长的泡沫荡漾。从凯特琳所在的位置,帆船在海面上前进,看来犹如一群白鸟从梅尔索四周起飞。他似乎感受到了她的沉默和凝望。他转过来,牵起她的双手,把她拉向自己。

"凯特琳,永远别放弃。你内心拥有那么多东西,尤其是最高贵的那个,即快乐感。别只期盼男人给你人生。有太多女人就是错在这一点。要指望自己。"

"我没有什么好抱怨的,梅尔索。"凯特琳揽着梅尔索的肩膀,轻轻地说。"此刻只有一件事是重要的。你要好好照顾自己。"

他于是体会到,自己的笃定是多么容易动摇。他的心出奇地干涸。

"这话,你不该现在说。"

他拎起行李箱，从陡峭楼梯下去，再从小路自橄榄树林一路下去到橄榄树林。前方等着他的，只剩下什努亚的那片苦艾和废墟森林、一份既无希望亦无绝望的爱，伴随着一段醋酸和花香的生活回忆。他回头望。凯特琳从那上方，一动也不动地望着他离去。

不到两个钟头后，梅尔索已可看见什努亚区。此刻，黑夜的最后几抹紫色光晕，仍在什努亚一路延伸至海里的丘陵上流连忘返，丘顶已被红色和黄色的光芒照亮。仿佛此处有来自萨赫勒地区雄壮而厚实的土地，其轮廓奔绘在天际，形成这头孔武健壮野兽的巨大背部，而它又从这般高度潜入海中。梅尔索所买的小屋位于最末一区山坡上，距离海边有百来公尺，现已浸淫在金黄色的暖阳中。小屋除了地面上的一层，仅加盖了一层，而在二楼这层，仅有一个房间及其附属隔间。但这个房间很宽敞，有窗户开向前院，并有很棒的大片窗户和阳台面向大海。梅尔索迅速上楼。海面上已开始出现水汽，海蓝色同时变得深邃，阳台暖红色的瓷砖也变得灿烂明亮。涂泥的栏杆矮墙上，爬着一株极美的蔷薇初开的花朵。蔷薇花是白色的，由海景衬托着，坚实的花瓣有一种既饱满又丰盈的感觉。一楼的房间之中，有一间面向什努亚的丘陵，丘陵上长满了果树，另两个房间则分别面对院子和大海。院子内，两棵松树将巨大的树干伸向天际，仅仅顶端覆盖着泛黄和绿色的叶毯。从屋内向外看,只能看到夹在两棵树之间的空间,以及树干之间大海的曲线。至少在此时此刻,外海袅袅升起水汽,梅尔索望着水汽从一棵松树缓缓游移至另一棵松树。

他将要在这里过生活。这个地区的美,想必触动了他的心。他之所以买下这栋屋子,也是为了这个地区。可是原本期望在此得到的休憩,现在却令他害怕。而他如此清楚坚持寻觅的那份孤独,现在当一切场景摆在眼前,反而显得比他想象中更令人不安。小镇距离不远,大约数百公尺。他出门。有一条小径从公路通往海边。踏上小径时,他首度发现,海的另一端可看到小点般的蒂帕萨。在这小点的末端,可见到神庙金黄柱子的轮廓,柱子旁是陈旧的废墟,废墟四周苦艾草丛生,远看如覆盖在地上的灰色羊毛。梅尔索心想,六月的晚间,风应该会把吸饱阳光的苦艾草香气,从海面的另一头吹送来什努亚。

他必须整顿并打理屋子。最初的几天过得很快。他把墙壁刷上灰泥,去阿尔及尔买壁纸,重新牵设电线。白天的忙碌若有中断,是他去镇上的旅馆用餐,或去海边游泳。他会忘记自己为何来到此地,迷失在身体的疲惫中,饿着肚子,腿又酸又僵,忧心着某处尚未粉刷,或走廊上某个线路坏了。他睡在旅馆,逐渐认识镇上的人:周日下午来打俄式撞球和乒乓球的几个男孩(他们来打一整个下午的球,却只消费一杯饮料,令老板大为光火)、晚间来滨海公路散步的几个女孩(她们互相挽着手,咬字的最后一个音节有点飘),以及供鱼货给旅馆、只有一条手臂的渔夫佩雷兹。他也在这里认识了镇上的医生贝尔纳。但屋内一切整顿完毕的那天,梅尔索把家当搬进去,慢慢回过神了。当时是傍晚。他在二楼的房间,窗外,两个世界争夺着两棵松树之间的空间。在其中一个几乎透明的世界里,星星愈来愈多。在另一个较浊重且较黑暗的世界里,一股隐秘的水流涌动,暗示着大海的存在。

到目前为止,他一直表现得相当随和,认识来给他帮忙的工人,或与咖啡馆老板闲聊。但今晚,他意识到自己不论是明天或以后,再也没有任何人要见,也意识到自己终于面对着期盼已久的孤独。自从他意识到自己不用再见任何人的那一刻起,明天显得无比可怕地接近。不过他说服自己相信,这正是他想要的:只有他自己面对自己,而且就这样,直到耗尽为止。他决定要抽烟和沉思直到深夜,但十点左右他便困了并就寝。隔天早上他起得很晚,十点左右才起来,弄了早餐,没梳洗就先吃。他感到有些倦怠。他没刮胡子,头发蓬乱打结。吃完后他没进浴室,反而在各个房间闲晃,翻阅杂志,最后很高兴发现墙上有个松脱的开关,于是着手修复。有人敲门。是旅馆的小男孩替他送午餐来,一如昨晚他所安排的。因为懒，他直接以这副模样开始用餐，即使毫无胃口也照吃不误，免得菜凉掉，然后他躺在楼下房间的沙发上抽烟。他醒来时，很生气自己居然睡着了，此时是四点。他于是开始梳洗，仔细刮胡子，终于更衣，并写了两封信，一封给露希妍，一封给那三个女大学生。时候很晚了，天色转暗。不过他仍前往镇上寄信，且并未见到任何人就回来了。他上楼到房间里，走出来到阳台上。大海和黑夜在沙滩上和废墟对话着。他则沉思着。一想起荒废了今天，他就满心不悦。起码今天晚上，他想工作，想做点事情，阅读或出去夜色中走走。院子的栅栏门发出嘎吱声。他的晚餐送来了。他饿了，胃口大开地吃着，于是感觉到自己无法出门。他决定在床上阅读。但他的双眼在开头几页就闭上了，隔天他很晚才醒来。

接下来几天，梅尔索试图对抗这种侵袭。栅栏的嘎吱声和无数的香烟填满了每一天，随着日子一天天过去，一股焦躁让他得以看出，促使他过这种生活的举动，和这种生活本身，两者之间不成比例。某天晚上，他写信请露希妍过来，就这么打破了他如此期待的孤独。信寄出去以后，他内心暗自羞愧不已。可是露希妍到来时，这份羞愧化为一种傻气而急促的喜悦，占据了他整个人，他终于又见到一个熟悉的人，她的到来意味着轻松的生活。

他忙前忙后地照顾她，露希妍有点讶异地看了看他，但最担心的总是自己烫得很平整的白色麻质洋装。

他于是去了郊外，但是带着露希妍同行。他再度感受到自己和世界的默契，方式是把手放在露希妍的肩上。他躲进了男人的身份里，因而逃避了自己内心的恐惧。然而两天后，露希妍令他厌烦。她偏偏选在这时候提议要和他生活在一起。他们当时正在吃晚餐，梅尔索头也没抬便断然拒绝。

沉默了片刻后，露希妍以淡然的语气又说：

"你不爱我。"

梅尔索抬起头。她眼眶里满是泪水。他态度软化：

"可是我从来就没那样说过呀，孩子。"

"的确，"露希妍说，"正因为如此。"

梅尔索站起来，走向窗边。两棵松树之间，夜空满天星斗。或许梅尔索心中从来不曾像这样，既焦躁，又对刚度过的几天感到如此反感。

"露希妍，你长得漂亮。"他说，"我只看眼前，没有长远打算。我并不要求你什么。这样对我们俩已足够。"

"我知道。"露希妍说。她背对着梅尔索，用餐刀末端刮着桌巾。他走到她身旁，搂住她的颈背。

"相信我,没有所谓的痛彻心扉,没有千古悔恨,没有深刻回忆。凡事都会被遗忘,哪怕是伟大的爱情。这是人生中既令人难过又兴奋的部分。只有一种看待事情的方式,它偶尔会浮现。所以人生中若曾有过伟大的爱情,有过心痛的一往情深,仍是好事一桩。在我们被没来由的绝望给压得喘不过气时,这至少能充当一种慰藉。"

过了一会儿,梅尔索思索后又说:

"我不知道你是否能明白。"

"我想我明白。"露希妍说。她忽然回过头来看着他:"你不快乐。"

"我将会快乐的。"梅尔索激动地说。"我非快乐不可。我手指间有了这个夜晚、这片海,和这个颈背,我非快乐不可。"

他把头转向窗户,手用力握着露希妍的颈项。她沉默不语。

"至少,"她并未看着他,说,"你对我有一点友谊吧?"

梅尔索在她身旁蹲下来,啃咬她的肩膀。"友谊,有呀,就像我对夜晚也有友谊那样。你造就了我眼睛的喜悦,你都不知道这份喜悦在我心中占了多么重要的位置。"

她于隔天离去。再隔天,梅尔索由于无法接受自己,开车去了阿尔及尔。他先去了"眺望世界之屋"。他的女性朋友答应当月月底就去拜访他。接着他想回去看看以前住的那一带。

他的房子租给一位咖啡馆老板。他到处打听那个制桶匠的下落,但没人知道。据悉他去巴黎找工作了。梅尔索四处漫步。餐馆的谢雷思特变老了,倒也老得不多。贺奈依然在店里,仍患着肺结核,仍是一脸严肃。大家都很高兴再见到梅尔索,这场相聚让他很感动。

"噢!梅尔索,"谢雷思特对他说,"你都没变。仍是老样子,噢!"

"是呀。"梅尔索说。

这种奇特的盲目,令他感到有趣:人们对于自身的变化明明观察入微,对于朋友在他们心目中的形象,却是一旦认定了就再也不会改变。对他而言,别人是以过去的他来认定他。一如狗的个性不会改变,人心目中的别人便犹如狗一样。而即使谢雷思特、贺奈等人曾与他如此熟悉,他现在对他们而言,也变得犹如一颗无人居住的星球那样陌生而封闭。不过他与他们道别时,心中是怀着友谊的。他从餐馆出来的时候,遇到马莎。一见到她,他便意识到自己差不多已把她遗忘,同时又期望遇到她。她依然拥有那张彩绘女神般的脸庞。他默默地渴望她,但心意并不坚决。他们一同漫步。

"噢,梅尔索,"她说,"我真高兴。你有什么进展?"

"没什么进展。我住在乡下。"

"那样真棒。我呀,一直很向往那样。"

沉默了一会儿后,她说:"你知道,我不怪你。"

"是呀,"梅尔索笑着说,"你找到别的怀抱了。"

结果马莎语气突变,是他以前从来没见过的。

"说话留点口德,行不行?我早就知道总有一天会那样结束。你是个奇怪的家伙。而我还只是个小女生,就像你说的那样。所以事情发生的时候,我当然很生气,你也知道的。但最后我心想,你不快乐。真妙呀,是不是?我也说不太清楚,但那是我们之间的事情第一次令我这样又难过又快乐。"

梅尔索惊讶地望着她。他回想起来,忽然发现马莎一直对他很好。她全然地接受他这个人,并让他减少了很多孤独。他对她太不公平了。他的想象力和虚荣赋予她过高的价值,他的骄傲却未给予她充足的价值。他觉得这真是个残酷的矛盾,对于我们所爱的人,我们总是有着双重的误会,先是对他们有利的误会,尔后是对他们不利的误会。他今天才明白,马莎是以平常心对待他,她以前所呈现出来的便是原本的她,而基于这一点,他亏欠她很多。此刻飘着几乎感受不到的细雨,只够映照出街上的光线。在一滴滴的光点和雨水中,看到马莎忽然变得严肃的脸庞,他顿时感受到一股难以言喻的澎湃感激,换作别的时候,可能会被他当成某种爱意。但他却只说得出几句贫乏的话语。"你知道,"他对她说,"我蛮喜欢你的。现在都还蛮喜欢你的,如果有什么我能做的……"

她对他微笑:"不用了,我还年轻,所以你也知道,我是不会客气的。"

他点点头。他和她之间,距离多么遥远,两人又是多么有默契。他在她家门前和她分手。

她撑开了伞,说:"希望我们还会再相见。"

"是呀。"梅尔索说。她忧伤地浅浅一笑。"噢,"梅尔索说,"你又露出小女生的表情了。"

她躲到门廊下,把伞收起来。梅尔索向她伸手,也微笑了:"再见了,表象。"她迅速握了握他的手,忽然亲了亲他两侧脸颊,然后奔跑上楼。梅尔索独自待在雨中,脸颊上仍能感受到马莎冰冷的鼻子和温暖的嘴唇。这个突如其来且淡然的吻,完全就像维也纳那个雀斑小妓女的吻那么的纯真。

尽管如此,他去找露希妍,在她家过夜,隔天并请她陪他去大道上散步。他们将近中午时沿着大道而下。太阳底下晒着一些橘色船身的小舟，宛如切片的水果。鸽群和其影子的双重飞翔，往码头潜降，立即又以缓长的弧线上升。灿烂的阳光轻柔地加温着。梅尔索望着红色和黑色的汽船缓缓从航道出发，加速，再大幅度转向海天相会处那泡沫般的光芒。对于送别的人而言，离别中有一种淡淡的苦涩。"他们真好运。"露希妍说。

"是。"梅尔索说。他心里想着"不是"，或至少他不羡慕这种好运。对他而言，重新开始、再出发和崭新生活，仍是有吸引力的。但他知道，能藉此获得快乐的，只有懒惰和无能的人。快乐意味着抉择，在此抉择内，还要有一份相辅且思虑清楚的意志。

萨格勒斯说过的话言犹在耳："凭的不是放弃的意志，而要凭追求快乐的意志。"他的手臂揽着露希妍，手心捧着她温暖柔嫩的乳房。

当天晚上，梅尔索开车回到什努亚，面对满涨的海水和忽然显露的丘陵，内心感到一片寂静。借由模拟某些崭新开始，透过意识自己过去的人生，他在内心确认了他想要和不想要成为的。他为这几天以来的分心感到羞愧，他认为这种日子危险却必要。他大可沉溺于其中，就此错失唯一的选择。但尽管如此，凡事皆须去适应。

梅尔索在车子行进中，细细琢磨这个虽羞辱人却珍贵无价的真相，即他所寻觅的那种独特快乐，其前提为早起、定期游泳，以及刻意保持卫生。他车开得飞快，决定利用这股冲劲，让自己进入一段新的人生，之后不需再为此人生费力，即可让自己的呼吸迎合光阴和人生的深沉节奏。

隔天他早早起床，前往海边。天色已完全明亮，空中满是鸟群的拍翅声和吱喳声。但太阳才正要从海平线升起，而当梅尔索进入尚无光辉的水中，他感觉自己好像游在一个将明而未明的黑夜里，直到旭日终于升起，他的手臂潜入泛红又冰冷的金色水流中。他于此时归返，回到家中。他感到身体很警醒，准备好要迎接任何事情。接下来几天，他在天要亮未亮时就去海边。这第一个举动便决定了接下来的一整天。这样去游泳令他疲累；但同时，游泳所带给他的虚弱和元气，又让他一整天有一种快乐的放纵和懒散感觉。然而他感觉每一天变得更漫长了。他的时间尚未摆脱旧日充当标示记号的残余习惯。他没有任何事要做，于是他的时间无限延伸扩展了。每一分钟又恢复它奇迹般的价值，但他尚未这样地去看待它。旅行时，每一天宛如永无止境，在办公室上班时，从周一到周一却仿佛是电光石火；而同样的，尽管那些施力点已不复存在，他仍想要找回它们，明明在新人生中它们已无用处。有时候，他拿起手表，看着指针从一个数字移至另一个数字，不禁赞叹五分钟感觉起来多么无穷无尽。想必这手表，替他开启了通往无所事事之最高境界的崎岖痛苦之路。他学会散步。有时候，下午，他沿着海滩一路走到另一端的蒂帕萨废墟，然后躺在苦艾草丛里，手放在一块温暖石头上，向这个宏伟得叫人难以承受的暖热天空打开自己的双眼和心扉。他调整自己的脉搏，顺应两点钟太阳的剧烈跳动。他身处在众多原始气味和睡意浓厚的虫鸣合奏之中，看着天空由白色转为纯净蓝色，不久再淡化成绿色，并把它的轻盈和温柔倾倒在仍暖热的废墟上。然后他早早回家就寝。如此从一个太阳奔向另一个太阳的过程中，他的每一天出现了规律节奏，节奏缓慢又奇特，对他而言变得不可或缺，就像从前的办公室、餐馆和睡眠那样地不可或缺。不论是两者的哪一者，他却几乎都未曾意识到。至少，在他心神清楚的此刻，他感觉到时间是属于他的，并感觉到从红色大海转为绿色大海的短暂片刻，每一秒都为他呈现出某种永恒。他并未从每一天的日常历程以外，窥见永恒，或探得超乎凡人的快乐。快乐是凡人的，永恒是日常的。重点是要懂得谦卑，要懂得让自己的心顺应每天的节奏，而非硬要求每天的节奏顺应我们的期望。

一如在艺术上要懂得适可而止，一个雕塑作品总有某一刻是该停手的时候，对于艺术家而言，刻意地不求聪明，反而总是比最行云流水的睿智洞见来得有益；同样的，若欲在人生中增添快乐，亦需要一种最低限度的无知。没有这种无知的人，只好自己多努力获取吧。

星期日，梅尔索会和佩雷兹一起打撞球。佩雷兹仅有一条手臂。他的断臂断在手肘上方，打球时会拱着上半身，用断臂挟着球杆，模样很怪异。他早上出海捕鱼时，梅尔索总是很钦佩这位老渔夫能灵巧地用腋下挟着左船桨，站立在小船上，侧着身子，用胸膛划一支桨，并用手划另一支桨。两人相处得十分融洽。佩雷兹会做辣酱乌贼，他用乌贼本身的汁液将乌贼炖熟。梅尔索和他一起，两人在佩雷兹的厨房里，用面包直接从一个积着油腻污垢的锅子里，把又黑又烫的酱汁沾起来吃；而且，佩雷兹从来不说话，梅尔索很感谢他竟有本事如此沉默。有时候，早上游完泳后，梅尔索遇见他准备出海打鱼，便上前询问：

"佩雷兹，我跟你一起去好吗？"

"上船。"对方说。

他们便把桨分别放在两个支点，合力划动，并留神别让脚缠到延绳的钓钩，至少梅尔索是如此。接着他们开始钓鱼，梅尔索留意各鱼线的动静，鱼线在水面上光泽明亮，在水面下则漆黑颤动着。阳光在水面上碎成千万个小片段，梅尔索吸到一股沉重而令人窒息的气味，宛如一阵自大海升起的呼吸。有时候，佩雷兹钓起一尾小鱼，便会把它丢回海里，说："找你妈去。"他们于十一点回来，梅尔索双手沾着鳞片而闪闪发亮，脸上晒饱了阳光，回到如地窖般清凉的家里；佩雷兹则去料理鱼获，晚上两人一起吃。日复一日，梅尔索就像潜入水里那样踏入自己的人生。一如双臂划动加上水流冲载运送就能让人前进，他只需要几个关键动作，譬如一手扶着树干，或去海滩上奔跑一番，就能让自己保持完整和意识清醒。如此一来，他返抵一种纯粹的生活，重回一种只有最欠缺或最富有智慧的动物才能享有的天堂。在心灵否认心灵的阶段，他触碰到自己的真理，也因此触碰到真理至高的荣耀和爱。

拜贝尔纳医生之赐，他也融入镇上的生活。他某次身体微恙，不得不请贝尔纳来家里看诊，他们后来又见过几次面，而且相处甚欢。贝尔纳沉默寡言，但他有一种冷眼看人生的心态，为他玳瑁镜框中的双眼增添光芒。他曾在印度支那执业许久，四十岁后退居到阿尔及利亚的这个角落。几年来，他和妻子过着悠闲的生活，她是个几乎不说话的印度支那人，头发梳绑成髻，穿着现代化的套装。贝尔纳凭着包容的本领，在任何地方都能适应。这意思是他喜欢镇上所有的人，镇上所有的人也喜欢他。他带着梅尔索串门。梅尔索和旅馆老板已经很熟，老板以前是男高音，经常在柜台引吭高歌，每每哼上两句《托斯卡》就殴打妻子一顿。大家请梅尔索与贝尔纳一起担任节庆委员。而每到节庆，如七月十四日国庆节或其他节日，他们便手臂上挂着红白蓝的三色臂章走来走去，或和其他委员围着一张沾了甜黏开胃酒渍的绿色钢板桌，讨论乐师表演台四周究竟该以卫茅还是棕榈作装饰。他甚至差点卷入一场选举纷争。但梅尔索及时认识了镇长。镇长十年来"受居民之托主导大局"（这是他自己说的），长年下来，他自以为是拿破仑皇帝。种植葡萄发财后，他替自己盖了栋希腊风格的豪宅。他带梅尔索参观了一番，包括地面的一层楼，以及加盖的一层楼。但镇长丝毫不肯将就，为房子安装了一台电梯。他让梅尔索和贝尔纳试搭。搭完，贝尔纳心平气和地说："它很顺。"从这天起，梅尔索便十分欣赏这位镇长。贝尔纳和他用尽自己的各种影响力，让他保住这个他在许多方面都当之无愧的镇长位子。

到了春天，这个位于山海之间、许多红色屋顶紧紧相邻的小镇，遍地都是鲜花：粉红蔷薇、风信子、九重葛，以及虫鸣。午休时分，梅尔索到自家阳台上，望着在灿烂阳光下沉睡而轻烟袅袅的小镇。镇上最为人津津乐道的镇史，是莫拉雷司和宾格斯之间的互相较劲，两人都是富有的西班牙殖民者，经过一连串投机发财，两人如今都是百万富翁。他们争先恐后地炫富。只要其中一人买车，必定买最昂贵的一款。而另一人买了同款车，就再加装银门把。深谙个中之道的是莫拉雷司。大家都称他"西班牙国王"。他在各方面都打败宾格斯，因为宾格斯欠缺想象力。大战时，宾格斯认购了好几十万法郎公债的那一天，莫拉雷司昭告天下说："我呀，做得更好，直接把儿子给出去。"于是他让年纪仍太小的儿子入伍当兵。一九二五年，宾格斯从阿尔及尔开了一辆美轮美奂的布加迪跑车回来。十五天后，莫拉雷司自行打造了一座停机棚，并购入一架高德隆[1]飞机。这架飞机至今仍在停机棚里沉睡，只有周日展示给访客看。宾格斯每次提到莫拉雷司，总说："那个穷酸鬼。"莫拉雷司则称宾格斯："那个没用的东西。"

贝尔纳带梅尔索去莫拉雷司家。在满是蜜蜂和葡萄气味的广大果园里，莫拉雷司依所有该有的礼数接待了他们，但他因为受不了穿外套和皮鞋，只穿了帆布便鞋和衬衫。他们参观了飞机、汽车，以及他儿子获颁而展示在客厅的勋章，莫拉雷司不断向梅尔索说务必要将外国人逐出法属阿尔及尔（他本身已经归化了，"可是说到那个宾格斯呀……"），并带他们去参观一项新发现。他们踏入一片占地广袤的葡萄园，园子中央的小径会合处整理出

---

[1] 高德隆（Caudron），法国最早的飞机制造公司之一，曾制造一次和二次大战的军机，后被雷诺汽车公司并购。

一块圆形空地。空地上摆设了一套路易十五年代的沙发，木材和布料均是最上等珍贵的。如此一来，莫拉雷司就能在自己的田地上接待访客。梅尔索礼貌地询问，万一下雨该怎么办。莫拉雷司抽着雪茄，眼睛眨都没眨便说："换掉。"与贝尔纳回去的路上，他的话题尽是赞扬这位暴发户是诗人。在贝尔纳眼中，莫拉雷司是个诗人。梅尔索则认为他像个即将衰败的罗马皇帝。

过了一段时日，露希妍来什努亚待了几天又离去。某星期日上午，克莱儿、萝丝和凯特琳依约来探访梅尔索。但他距离隐居刚开始时驱使他跑去阿尔及尔的那种心境已经非常遥远了。不过见到了她们，他仍是高兴的。他和贝尔纳一起去黄色大巴士的客运站接她们。这天的天气甚好，镇上处处是流动肉贩的漂亮红色货车、茂盛的鲜花，以及穿着浅色衣服的人群。应凯特琳要求，他们在咖啡座待了一会儿。她喜欢这种光彩和生活，在背后倚靠的墙壁后面，她能隐约感受到大海。准备离去时，一旁紧邻的巷子里爆出惊人的乐声。想必是《卡门》里的《斗牛士进行曲》，但太用力且太奔放，使各乐器无法适得其所。"是那个体操协会。"贝尔纳说。不过却赫然出现二十几个陌生乐师，不停地吹奏各式各样的管乐器。他们正朝咖啡馆而来，而在他们后面，有个人戴着扁顶草帽，草帽下垫着一条手帕，还用广告单充当扇子扇着风,此人正是莫拉雷司。他从城里租了乐师来,"这年头这么不景气,生活太苦闷了。"他后来如此解释道。他也坐了下来,把乐师布置在自己四周,不再游行。咖啡馆里人满为患。于是,莫拉雷司站起来,环顾四周,傲然地说:"依本人要求,乐团将演奏《斗牛士》。"

离去的时候,三个小妞笑得要命。但回到家里,房间内的阴凉,使映满院子阳光的墙面更显得洁白明亮,她们又变得沉默,并重拾一种深沉的默契。以凯特琳而言,即化为一股想要去阳台上做日光浴的欲望。梅尔索送贝尔纳回家。这是贝尔纳第二次瞥见梅尔索的私人生活部分。他们之前不曾谈过私事,梅尔索知道贝尔纳并不快乐,贝尔纳面对梅尔索的人生则感到有些困惑。他们分手时谁也没说什么。梅尔索和朋友们说好明天一大早,四人一起去爬山。什努亚山非常高且非常难攀登。想想明天八成是累人又充满阳光的美好一天。

清晨,他们开始攀爬陡峭的山坡。萝丝和克莱儿走在前面,梅尔索和凯特琳殿后。大家沉默不语。他们渐渐爬高,海面上因晨间雾气仍一片白茫茫。梅尔索也不说话,他整个人融入了布满凌乱短发般秋水仙的山峦、冰冷的泉源、阴影与阳光,以及他那先是同意后又抗拒的身体。他们费力地专注于行走,早晨的空气进入他们胸肺时,犹如烧红了的铁或带着细倒钩的刀锋,他们全神贯注地用心超越,努力想战胜陡坡。萝丝和克莱儿累了,放慢了脚步。凯特琳和梅尔索超过了她们,不一会儿便将她们远远抛在后头。

"还好吗?"梅尔索说。

"还好,这里很美。"

太阳在天际持续上升,嗡嗡虫鸣声也随着温度渐渐壮大。不久,梅尔索脱掉衬衫,打着赤膊继续行走。汗水流在被太阳晒得脱皮的肩膀上。他们走上一条看似沿着山腰绕的小径。他们脚底下的草更湿润了。不久便传来悦耳的泉源声,在一处凹陷的山壁,喷跃着清凉和阴影。他们互相泼溅,饮用了几口水,然后凯特琳在草地上躺下来,梅尔索沾湿了的头发颜色变深,卷曲在额头上。他眨着眼睛,瞭望着眼前满是废墟、光亮道路和灿烂阳光的景致。然后他在凯特琳身旁坐下来。

"梅尔索,趁着现在只有我们俩,告诉我,你快乐吗?"

"你看。"梅尔索说。道路在阳光下颤动,形形色色的各式斑点映入他们的眼帘。

梅尔索一面微笑着,一面搓揉自己的手臂。

"是呀,但是我想问问你。当然,你若觉得烦,不回答也行。"她犹豫了一会儿,"你爱你太太吗?"

梅尔索微笑了。

"那不是必要的。"他揽住凯特琳的肩膀,一面摇摇头,一面用水沾洒她的脸。"小凯特琳呀,错就错在误以为人必须选择、必须做想做的事,以为快乐是有条件的。可是呢,唯一重要的,只有追求快乐的意志,一种永远放在心上的强烈意识。其余的,女人、艺术作品,或者世俗的功名,都只是借口。那是等着我们去织绣的空白绣布。"

"是呀。"目光里满是阳光的凯特琳说。

"我在意的,是具有一定质量的快乐。唯有当快乐与和它相反的事物呈现激烈的对立冲突时,我才能够尝到快乐的滋味。我快乐吗?凯特琳!你一定听过那句话:'假如人生必须重来',那么,我仍会照原来相同的方式过。当然,你无法明白这是什么意思。"

"确实不明白。"凯特琳说。

"该怎么告诉你呢,孩子。我之所以快乐,是因为我于心不安。我需要出走,争取这份孤独,让我得以在内心面对该面对的,认清哪部分是阳光,哪部分是泪水……是呀,我拥有凡人的快乐。"

萝丝和克莱儿来了。他们再度拎起背包。小径依然沿着山腰而行，现在带着他们来到一个植物茂盛的地带。几条山径的两侧依然遍布着仙人掌果、橄榄树和枣树。有时，骑着驴子的阿拉伯人迎面而来。他们继续向上攀爬。太阳现在以双倍力量拍击在沿路的每一块石头上。到了中午，他们被炎热压得喘不过气，周身的芳香和满身的疲惫，使他们丢下包包，放弃攻顶。山坡是岩壁，尽是锐利石子。一棵瘦弱的小橡树以它圆圆的影子替他们遮阳。他们把口粮从包里拿出来吃。光芒和蝉鸣使整座山蠢蠢欲动。热气不断蹿上来，侵袭橡树下的他们。梅尔索趴在地上，胸口贴着石子，吸入一口滚烫的香气。他的肚子受到仿佛在运作的山峦的无声袭击。单调的袭击、暖热石子间震耳欲聋的虫吟，以及原始野外的各种香气，最终使他沉沉睡着。

他醒来时浑身大汗且腰酸背痛。应该三点了。女孩们不见踪影。不久，笑声和叫声预告了她们的归来。炎热消退，该下山了。就在这时候，要启程下山时，梅尔索第一次晕眩。他重新站起来时，看到一片很蓝的海衬托着三张担忧的脸孔。他们用更缓慢的速度下山。快到山脚时，梅尔索表示想休息一下。大海随着天空转青绿，从海平面浮升起一股温柔感。什努亚沿着小海湾延伸出去的丘陵上，柏树逐渐变暗。所有人都沉默不语。然后克莱儿说：

"你看起来累了。"

"大概吧,小女孩。"

"你知道,这不关我的事。但这个地区对你一点意义也没有。这里太靠近海,太潮湿了。你为什么不搬去法国,住在山上呢?"

"克莱儿,这个地区对我一点意义也没有,但我在这里很快乐。我感觉很能融合在这里。"

"劝你去法国,就是为了那样能过得更彻底,且更长久。"

"快乐的生活并不能更长或更短。当下快乐就是快乐,仅此而已。死也不能阻碍什么,它只是快乐的一场意外。"所有的人都沉默了。

"我不信。"过了一会儿,萝丝说。

他们在逐渐降临的夜色中缓缓踏上归途。

凯特琳自行决定要联络贝尔纳。梅尔索在自己房间里,从窗玻璃明亮影子的上方,他能看到栏杆矮墙的白色斑渍、宛如一条暗色波动帆布的大海,以及上方颜色较浅但毫无星星的天空。他感到虚弱,但不知为何,虚弱反而让他觉得轻松且神智清明。贝尔纳来敲门时,梅尔索感觉自己将对他全盘托出。倒不是因为秘密在他心中太过沉重。这方面并没有秘密。如果他到目前为止只字未提,那是因为在某些地方,人们不会轻易说出心中的想法,深知这些想法必然冲击到偏见和愚昧。可是今天,由于一身的疲累,以及深切的诚挚,就像艺术家在长时间琢磨和修改作品后,终有一天觉得需要将它公诸于世,将它呈现在世人眼前——梅尔索感觉自己非说不可了。虽然也不确定自己是否会真的付诸行动,但他仍耐心地等候贝尔纳。

楼下的房间传来两声清脆的笑声,他听了不禁微笑。这时,贝尔纳进来了。

"如何?"他说。

"就这样。"梅尔索说。

他替梅尔索听诊。听不出个所以然。但如果梅尔索可以的话,他希望梅尔索去照个 X 光片。

"再说吧。"梅尔索说。

贝尔纳沉默了,在窗边坐了下来。

"我呀,可不喜欢生病。"贝尔纳说,"我知道生病是怎么一回事。再也没有什么比生病更丑陋或更讨厌的了。"

梅尔索无动于衷。他从沙发上站起来,递烟给贝尔纳,自己也点了一根,笑着说:

"贝尔纳,我能不能问你一个问题?"

"好。"

"你从来不游泳,为何偏偏挑这个地方隐居?"

"噢,我也不知道。很久以前的事了。"

过了一阵子,他又说:

"说来,我总是因为气恼才行动。现在好多了。以前,我想要快乐,想要做该做的事,譬如,在一个我喜欢的国家安顿下来。但情感上的期望总是假的,所以该以最容易的方式过活——别勉强自己。这样有点愤世嫉俗,但这是你要生存必须有的观点。以前在印度支那,我使出浑身解数。到了这里,我得过且过。就是这么简单。"

"是呀。"梅尔索边说边抽烟,他深陷在座椅里,望着天花板。"但我不觉得所有情感上的期望都是假的,它们只是不理性而已。总之,我唯一感兴趣的经历,正是凡事都如原本所愿的。"

贝尔纳微笑了:"是呀,一个量身定做的命运。"

"一个人的命运呀,"梅尔索并未移动地说,"如果他以热情去和它结合,就总是引人入胜的。而对某些人而言,一个引人入胜的命运,总是量身定做的命运。"

"是呀。"贝尔纳说。然后他费力地站起来,稍微背对着梅尔索,凝视着夜色片刻。

他并未望向梅尔索,径自接着说:

"你和我一样，是这个地区唯一生活没有伴侣的人。你的太太和朋友，我就不提了。我知道她们只是过客。然而，你似乎比我更热爱人生。"他回过头来，"因为对我而言，热爱人生并不在于去游泳，而在于以精彩、紧凑的方式过活。不同的女人、不同的奇遇、不同的国度。是要行动，是要做某种勉强。一种激昂而美妙的人生。总之我的意思是……你明白的。"他仿佛因为一时激动竟显得有些惭愧，"我太热爱人生了，不能只靠自然景色来满足。"

贝尔纳收拾起听诊器，把诊疗包合上。梅尔索对他说：

"说穿了，你是个理想主义者。"

他感觉一切都封存在从出生到死亡的这一刻，一切都以此为依据且投注于此。

"唉，你知道，"贝尔纳有些惆怅地说，"理想主义者的相反，往往是没有爱的人。"

"千万别这么想。"梅尔索边说边把手伸向他。

贝尔纳握了他的手许久。

"若要像你这么想，"贝尔纳微笑地说，"世上只有仰赖巨大绝望或巨大希望而活的人。"

"或许两者皆仰赖吧。"

"噢，我这不是发问！"

"我知道。"梅尔索认真地说。

当贝尔纳走到门口，梅尔索在不假思索的冲动驱使下，叫住了他。

"是。"贝尔纳医师回头。

"你是否可能对一个人产生鄙视？"

"也许吧。"

"条件是什么？"

对方沉思。

"我觉得好像相当简单。只要此人是被利益或贪财的念头所驱使，我就可能鄙视他。"

"的确相当简单。"梅尔索说，"晚安，贝尔纳。"

"晚安。"

剩下梅尔索一人后，他沉思着。到了他现在所处的阶段，他对别人的鄙视已无动于衷。但他认出了贝尔纳身上有一些深层的共鸣，能拉近他和贝尔纳之间的距离。某部分的自己居然批判另一部分，他似乎对此感到无法忍受。他的举动是否是基于利益？他已体会到一个关键且不道德的真理，即金钱是为自己博得尊严最可靠也最快速的一种办法。他已彻底摒除了所有出身良好的人会有的苦闷,即认为好命人的诞生和成长环境,先天具有某种不公不义和卑劣。这种黑暗且令人愤恨的诅咒,认定穷人在贫困中展开人生,亦将在贫困中结束人生。他以金钱对抗金钱,以恨意对抗恨意,奋力抗拒这种诅咒。在这种蛮力对决之中,有时候,在凉爽海风的吹拂下,天使偶尔也会现身,沐浴在翅膀和光晕的快乐之中。只不过,他对贝尔纳只字未提,他的艺术作品也将永远不为人所知。

隔天下午,约莫五点左右,女孩们离去了。坐上巴士之前,凯特琳回头望向大海。

"再见了,海滩。"她说。

过了一会儿,三张笑盈盈的脸庞隔着后方的车窗看着梅尔索,然后,黄色巴士宛如一只金色大虫,消失在光芒中。天空尽管清澈,却有些许压迫感。梅尔索独自一人在路上,内心深处有一种解脱夹杂着悲伤的感觉。直到今天,他的孤独才变得真实;直到今天,他才感觉到自己与它相连。而知道自己接受了它、知道自己今后将主宰接下来的日子,令他心中充满强烈依附上来的忧郁。

他并未走大马路,而是从角豆树和橄榄树之间,绕走山脚一条通往他家后面的小路。他脚下踩碎了几颗橄榄,发现整条小路上遍布着黑色斑渍。夏末之际,角豆树让整个阿尔及利亚弥漫着爱的气味，而傍晚或雨后，仿佛整片大地在晒足了太阳后休憩着，它的肚子被有着苦巴旦杏仁香气的种子所濡湿。一整天当中，它们既沉重又有压迫感的气味，从高大的树上飘降下来。在这条小路上，随着傍晚的到来和大地放松的呻吟，气味却变得稀薄，梅尔索的鼻孔几乎闻都闻不到——犹如经过一整个闷热下午后，一起出门上街的情妇，她与你肩并肩，于灯光和人群之中凝望着你。

面对着这爱的气味和被踩碎的浓郁果实，梅尔索于是明白这一季即将告终。漫长的冬天即将展开。但他已成熟得可迎接它了。从这条小路看不到海，不过山顶可见到泛红的微薄雾气，预告着傍晚的到来。地面上，一片片的光影在树荫之间转淡。梅尔索用力吸入那又苦又香的气味，它见证了今晚他与大地的结合。今天这一晚落在世界上，落在小路的橄榄树和乳香黄连木之间，落在葡萄藤蔓和红土地上，就在轻轻吹拂的大海旁，今天这一晚如潮浪般进入他心中。多少个类似的夜晚，曾经在他心中犹如快乐的承诺，因而把今晚体验成了快乐，让他意识到，自己从希望到征服，走过了多么漫长的一条路。在他天真的心中，他接受这片绿色天空和这块浸濡着爱的大地，凭的是他以天真的心杀了萨格勒斯时，相同的一份深刻和欲望的悸动。

第五章

一月，巴旦杏树开花了。三月，梨树、桃树和苹果树上覆满花朵。再过一个月，各溪流悄悄涨大，随即又回归正常水流。五月初，割牧草，到了月底，收割燕麦和大麦。杏树已吸饱了夏意。六月，最早成熟的梨子已随着收割期出现。水源已开始干涸，气温持续上升。尽管大地的血液在这一头干涸，却在另一头催化棉花开花，也为最早的一批葡萄注入糖分。空中刮着很热的大风，把土地都烘干了，也几乎在各地引起火灾。然后忽然间，一年过了大半。很快地，葡萄采收期结束。九月到十一月间的暴雨横扫大地。大雨之际，夏季的耕作才刚告一段落，各式播种的工作紧接着展开，且溪泉猛然暴涨，丰沛地喷跃。到了年底，有些田地的小麦已发芽,有些田地才刚犁完土。再过一段时日,巴旦杏树再度于冰冷蔚蓝的天空中转白。新的一年在大地和天空里继续迈进。烟草已种下,葡萄已耕植且已施肥,果树已嫁接。同月,欧楂果成熟。又到夏季的收割和耕耘期。年中的时候,餐桌上多了许多硕大多汁且黏手的水果:无花果、桃子和梨子,人们趁打麦子的空当大快朵颐。接下来葡萄收成时,天空被覆盖。从北方无声地飞来一片片黑压压的椋鸟和斑鸫。对它们而言,橄榄已成熟。它们经过不久后,即采收橄榄。湿黏的田地上,小麦再度发芽。同样来自北方的层层厚重云朵,从海上和陆地上飘过,如泡沫般扫刷水面,让水晶般天空下的海面变得洁净冰冷。数日之中,晚间远方还出现无声的闪电。首波寒气降临。

约莫这个时期,梅尔索首次卧床。胸膜炎数度发作使他无法外出,在卧房里待了一个月。等他终于下床,什努亚边侧山坡上的树已开满花朵,一路迤逦到海边。他从来不曾如此细腻地感受过春天。于是,康复后的第一个夜晚,他顺着田地之间,缓缓走到蒂帕萨沉睡的废墟山丘。在一片充满了天空细致声响的寂静中,深夜宛如淌流在世间的乳汁。梅尔索行走在悬崖上,整个人沉浸在这一夜严肃的沉思中。稍下方的大海轻轻拂动,海上看起来满是柔和的月色,如野兽般柔软且光滑。此时此刻,他感觉自己的人生显得如此遥远，他孑然一身，对于一切和自己都漠然无感；梅尔索感觉自己好像终于达到了自己所寻觅的，而填满他内心的平静，乃萌生于他耐心持续的自我放逐，此放逐的寻觅和达成则归功于这个世界，它热情且毫无怒意地否认他。他轻步行走，脚步声显得陌生，但想必是熟悉的，那熟悉感就好比野兽在乳香黄连木树丛里的磨蹭声、海浪拍击声，或天际深处深夜的跃动声。他同样地也感受到自己的身体，但也是凭着相同的外在意识，如这春夜的暖热吹拂、从海上飘来的盐味和腐臭味。他在世间的奔逐、他对快乐的要求、萨格勒斯满是脑浆和碎骨的可怕伤口、在"眺望世界之屋"所度过的温馨而深刻的时光、他的妻子、他的希望和天神，这一切现在都在他面前，但犹如众多故事中最偏爱的一个，此偏爱并无明确理由，既陌生又隐隐地熟悉，那是一本讨好且印证内心最深处的书，却是别人所写出来的。这是他头一遭未感受到其他现实，只有一股对冒险的热情、对力量的欲望，和对世界连接的一种明智且诚挚的本能。他无愤怒亦无恨意，因而了无悔憾。他坐在一块岩石上，手指感受到它粗糙的脸孔。他望着大海在月光下无声地涨大。他回想着他曾抚摸过的露希妍的脸庞，想着她温凉的嘴唇。在光滑的水面上，月亮宛如一摊油水，映出无数个游移不定的长长笑容。海水大概如一张嘴巴一样温凉，且软懒得准备好要潜入一个人之下。梅尔索依然坐着,这时感觉到快乐离泪水多么的近,完完整整在这片无声的激昂里,人一生的希望与绝望都掺杂交织在其中。梅尔索虽然知道却又感到陌生,望眼欲穿却又兴趣缺乏,他明白自己的人生和命运就将在此结束,他今后的所有努力将用来凑合这份快乐,并面对可怕的真相。

他现在需要潜入暖热的海里,迷失自己以找回自己,在月色和温凉中游泳,好让内心属于过去的部分闭嘴,并让他快乐的深沉歌声得以诞生。他脱掉衣服,走下了几块岩石,进入海里。海水如胴体般温暖,顺着他的手臂逃逸,又以一种难以捉摸却无所不在的拥抱,黏附他的双腿。他规律地游着,并感受到背部的肌肉随着动作而收放。他每次举起手臂,就在广大的海面上挥洒出无数银色水滴,在无声却充满生气的天空面前,犹如一次快乐收获的灿烂种子。然后手臂再度潜入水里,宛若一把强劲的犁铧,耕耘着、把水流一分为二,以从中获得新的施力点,和一份更年轻的希望。在他身后,随着双脚的踢踏,冒出阵阵泡沫还有啵啵的水声,在孤独而寂静的夜里,听起来出奇地清晰。他感受着自己的节奏和活力,忽然变得激昂兴奋。他前进得更快了,不久便远离海岸,独自一人来到深夜和世界的中央。他顿时想到自己双脚下方有多么深,于是停止动作。在他下方的一切,宛如一个陌生世界的脸孔，深深吸引着他，那是让他回归自己的夜晚的延伸，是生活中尚未探索过的盐水核心。他心头浮现一股冲动，但随即被身体的雀跃所摒弃。他游得更用力且更往前。他感到美妙的倦怠，朝岸边归去。这时，他忽然被卷入一道冰冷的水流，不得不停下来，牙齿打战，手脚僵硬。大海的这项惊喜，令他惊叹不已；这阵冰冷侵入他四肢，灼烧着他，就像神的爱，是一种既清晰又深刻的激昂，令他毫无招架之力。回来时比去时费力许多，他站在岸上，面对着天和海，牙齿打战地把衣服穿上，一面快乐地笑着。

回去的路上，他感到身体不适。站在从海边通往房屋的小径上，可以看到正前方的岩石岬角、高大光滑的柱身，以及那些废墟。忽然间一阵天旋地转，他发现自己倚靠着一块岩石，半倒卧在一片乳香黄连木树丛上，被压断的枝叶散发出浓浓气味。他吃力地回到家里。他的身体刚才带他体验极致的愉悦，现在却让他陷入主要集中在腹部的痛楚，迫使他闭上双眼。他泡茶来喝。但他煮水时拿到一只脏锅子，结果泡出来的茶油腻到令人作呕。他还是把茶喝了，随即就寝。脱鞋子时，他注意到自己苍白无血色的双手，指甲粉红异常，又长又弯，覆盖了指尖。他的指甲从来不曾这样过，使双手看起来有一种残酷而邪恶的感觉。他感觉胸口仿佛被钳子钳住。他咳嗽并咳吐了几次，口中有一股血腥的味道。他躺在床上,开始浑身打冷战。他感觉冷战从身体末梢蹿上来,犹如两道冰冷水流在肩膀处会合。他的牙齿在被子上打战,仿佛床单湿透了似的。房子显得大而空旷,一些他听过的熟悉声响,瞬间无限扩大,仿佛没有任何墙壁能阻挡它们的回荡。他听到水流和鹅卵石翻腾的大海、大玻璃窗外跃动的深夜,还有远方农庄的狗吠。他觉得热,把被子拨开,又觉得冷,把被子拉回来。这样地摆荡于两种痛苦之间、使他迟迟无法入眠的昏沉和不安,让他忽然意识到自己生病了。他感到焦躁,因为想到自己可能在这种昏沉中死去,而无法看清自己的前方。镇上教堂的大钟响了,他却听不出敲了几声。他并不想生病而死。至少对他而言,他不希望生病是一般见到的那样,是一种衰退、一种通往死亡的过渡。他下意识仍希冀的,是用充满血色和健康的人生来面对死亡,而不要已有死亡在场,和已几乎是死亡的事物在场。他站起来,艰难地拉了张沙发到窗前,裹着棉被坐下来。薄窗帘外,在窗帘没有皱褶的地方,他看到星星。他深深吸气,紧握沙发的扶手,以缓和颤抖的双手。他想要重拾清明的神智。"可以的。"他心想。同时,他想到厨房的煤气没关。"可以的。"他不断这么想着。清明的神智也是一种漫长的耐心。凡事都能赢得或争取。他握拳打在沙发的扶手上。没有人天生就强、就弱或意志坚定。是后来才变强,后来才变得神志清明。命运不在人身上,而在人的四周。他发现自己落泪了。一种无以名状的软弱,一种因病而起的懦弱,使他回到童年,回到泪水。他感到两手冰冷,心中有一股强烈的反感。他想起自己的指甲,搓了搓锁骨下方显得无比巨大的瘤结。外面,世上一片美好。他不愿抛下自己想要活着的欲望和渴求。他想起在阿尔及尔的那些傍晚,在鸣笛声召唤下,人们从工厂出来时的嘈杂声升向绿色的天际。在苦艾的气味、废墟间的野花,以及萨赫勒地区周围柏树的孤独中,编织着一种人生的画面,其美丽与快乐迎向绝望,梅尔索从中感受到某种稍纵即逝的永恒。他不愿抛下它,而且即使他不在了,这画面仍会持续下去。他满腔的愤恨和不屑,顿时又想起萨格勒斯望向窗外时的表情。他咳嗽咳了许久。他呼吸困难。睡衣令他窒息。他觉得冷。他觉得热。他心中燃烧着紊乱的熊熊怒火,他紧握双拳,全身血液在脑袋里怦怦跳着;他眼神空洞,等待新的一波寒战让他再度陷入盲目的高烧。寒战来了,让他坠入一个湿润而封闭的世界。他双眼合上,一并阻止了那野兽的暴动,它嫉妒他的渴和饿。但就在快要睡着之前,他看到窗帘外的夜色稍微转亮,并随着黎明和世界苏醒,听到像是温柔和希望的强烈召唤,那想必化解了他对死亡的恐惧,同时也安抚了他,让他知道他将在曾是促使他活着的理由当中,找到死亡的理由。

他醒来时，太阳已升高不少，许许多多鸟和虫在温暖的气温中鸣唱着。他想到露希妍今天就将抵达。他心力交瘁，费力地躺回床上。他口中残留着发烧的味道，还有虚弱的感觉，在病人眼中，那使事情显得更艰难，也使别人显得更难以相处。他把贝尔纳请来。贝尔纳来了，依然沉默寡言且行色匆匆。贝尔纳替他听诊，脱下眼镜擦拭镜片。"不好。"贝尔纳说。贝尔纳替他打了两针。打第二针时，梅尔索尽管不太虚弱，竟晕了过去。他醒过来时，贝尔纳一手握着他的手腕，一手拿着表，凝视着秒针一格一格移动。

"你看，"贝尔纳说，"昏厥了十五分钟。你的心脏无力。要是再昏厥一次，你可能醒不过来。"

梅尔索闭上双眼。他疲惫不堪，嘴唇干燥又苍白，呼吸急促。

"贝尔纳。"他说。

"是。"

"我不要死于昏迷中。你知道，我需要看清楚。"

"是。"贝尔纳说。他开了几瓶安瓿[1]给他。"你若感到无力，就开了喝掉。这是肾上腺素。"

---

[1] 安瓿（Ampoule），小型药液玻璃容器，服用时将瓶子末端折断即可开启，但使用不易，现已罕见。

贝尔纳走到门口时,遇见刚刚到来的露希妍。

"依然美丽动人。"他说。

"梅尔索生病了?"

"是的。"

"严重吗?"

"不严重,他很好。"贝尔纳说。然后,离去前他说:"对了,建议你,尽可能让他独处吧。"

"喔,"露希妍说,"所以没事嘛。"

一整天,梅尔索都呼吸困难。他两度感受到冰冷而顽强的空虚意欲将他再次吸入昏迷之中,但肾上腺素两次都把他从液态深潜中拉了回来。一整天当中,他深邃的双眼望着美好秀丽的田野景色。四点左右,一艘宽宽的红色小船出现在海面上,逐渐变大,因阳光、水和鱼鳞而闪闪发亮。佩雷兹站在船上,规律地划着。暮色迅速降临。梅尔索闭上眼睛,自昨天以来,首次微笑了。他依然不发一语。露希妍已在他房里待了一阵子,她有些许不安,立刻冲上前去拥吻他。

"坐吧。"梅尔索说,"你可以待在这里。"

"别说话,"露希妍说,"那样你太花力气了。"

贝尔纳来了,替他打了针,又走了。大片大片的红色云朵从天际缓缓飘过。

"小时候,"梅尔索头深陷在枕头里,双眼望着天空,吃力地说,"母亲告诉我,云朵是上了天堂的死人的灵魂。灵魂居然是红色的,我听了很高兴。现在,我知道那多半表示要起风了。但仍然很好。"

入夜了。开始出现画面。一些巨大的幻兽,在空旷的田野上方点头。梅尔索在高烧中,轻轻将它们推开。他只让萨格勒斯兄弟般的血淋淋脸孔亲近。将别人赐死的人,现在将要死了。就像当时萨格勒斯那样,他清晰地回顾自己的人生,是以一个"人"的观点去回顾。到目前为止,他一直在过活。现在,可以盖棺论定了。从前曾带着他大步奔驰向前的鲁莽冲劲、从前人生中那若隐若现且充满创造力的诗意,现在只剩下毫无皱痕的真相,它恰恰是诗意的相反。在他背负的所有人当中,就像每个人于此生一开始所背负的那样,在那些让彼此盘根交错却不互相混淆的人当中,他现在知道自己是哪一个人了:由人创造命运的这项抉择,他是在神智清楚时,凭着勇气完成的。这便是他活着和死去的快乐。他曾如野兽般惊慌失措地看待死亡,现在他明白,害怕死亡就是害怕活着。对于死亡的恐惧,说明了人对于活着有着无尽的依恋。而所有那些没有做出关键举动提升自己人生的人,所有那些畏惧并颂扬无能的人,他们皆害怕死亡,因为死亡会为人生带来惩罚,而这人生是他们未曾参与的。他们从来不曾好好活着,所以活得不够。而死是一种姿态,使拼命想止渴的旅人从此再也找不到水。但对其他人而言,死是个致命又温柔的举动,能抹煞和否认,对于接受或不接受都一笑置之。他的手放在床头柜上,头伏在手臂上,在床上坐了一天一夜。他躺下来便无法呼吸。露希妍坐在他身旁,不发一语望着他。梅尔索偶尔看看她。他心想,在他死后,第一个搂她腰肢的男人便将使她软化。她的整个人和乳房将献出,就像她曾献给他那样,然后世界将在她微张的温暖嘴唇之间继续运转。有时候,他抬起头,望向窗外。他满脸未刮的胡楂,眼眶发红且深陷,眼睛失去了原本深邃的光泽,灰蓝短髭下的脸颊凹陷又苍白,使他彻底变了个人。

窗户上映出他病猫般的眼神。他深呼吸,转向露希妍。于是他微笑了。而在这张一切都节节败退并瓦解的脸孔上,这抹坚实而心神清明的笑容,展现出一股新的力量、一份轻快的严肃。

"还好吗?"露希妍以微弱的声音说。

"还好。"说完他又回到双臂间的夜晚里。他的体力和抗拒力都将耗尽,于是他第一次且从内在,接触了最初笑容曾令他厌烦的罗兰·萨格勒斯。他短促的呼吸在大理石的床头柜上留下湿润水汽,它把他的温度又反射回来。

在这阵不断浮上来的不祥温凉感之中,他更清楚地感受到手指和双脚冰冷的末端。这本身即意味着一种生气,而在这样从冷到热的过程中,他体会到萨格勒斯当时的激昂,理解了他何以感谢"人生容许他得以继续燃烧"。他热烈地爱上了这个如兄弟般的人,他以前感觉自己离他好遥远,现在明白由于杀了他,自己就此与他紧密结合,从此永不分离。这段泪水的沉重历程,在他内心犹如一种融合了生与死的滋味。他了解到这是他们两人的共通点。萨格勒斯面对死亡时完全不为所动,他从当中也看到了自己人生中隐晦而艰难的一面。高烧有助于他如此看待,他也激昂地确信,自己必将保持意识清楚直到最后,并要睁着双眼死去。那天,萨格勒斯也是睁着双眼,且有泪水在眼眶里打转。但那是不曾有机会参与自己人生的人的最后脆弱。梅尔索并不害怕这种脆弱。在总是于身体边界几公分处停下来的阵阵高烧脉搏中,他也明白了自己将不会出现这种脆弱。因为他称职地扮演了自己的角色,完成了身为人唯一的义务,即只求快乐。想必不能算久。但时间对这件事本身并无影响。它只能是某种障碍,或者什么也不是。他摧毁了障碍,而他在内心所酝酿的这位兄弟,是两年或二十年并不重要。只要他曾经存在过,那就是快乐了。

露希妍站起来，替梅尔索把从肩膀滑落的被子盖好。这个举动使他直打哆嗦。自从他在萨格勒斯别墅附近的小广场上打喷嚏那天，直至此时此刻，他的身体一直忠实地服侍他，带着他见识世界。但同时，它并未与他外表所呈现的那个人结合，继续过着我行我素的生活。这些年来，它历经着一段缓慢的崩解。现在，它已完成了任务，准备好要离开梅尔索，把他还给世界。梅尔索意识到自己被迫承受的冷战，这又是一次默契，这默契在过去已为他们博得那么多的喜悦。仅是基于这一点，就足以让梅尔索视冷战为喜悦。意识，这就是现在所需要的，毫不欺瞒，毫不退却，独自和自己的身体面对面，睁大眼睛直视死亡。这是男子汉的担当。什么都没有，没有感情也没有布景，只有一片孤独和快乐的无尽荒漠，梅尔索在这里打出手上的最后几张牌。他感到自己呼吸变得微弱。他吸入一口气，而在这个举动中，他的胸口如管风琴般呼呼作响。他感到小腿很冰冷，双手没有感觉。天亮了。

这个新的早晨满是鸟群和清新。太阳升起得很快，一下子就跳到海平线之上。地面上覆满了金色和暖意。在晨光中，大片大片的跳跃色块，为天空和大海溅洒上蓝色和黄色的光芒。起了一阵轻风，从窗外飘来一股带着盐味的气息，吹拂梅尔索的双手。中午，风停了，太阳犹如成熟的果实般爆开，在整个世界间它如温暖而浓稠的汁液倾泻而下。这时忽然蝉鸣四起。海面上覆满了油水般的金黄汁液,并向满载着阳光的陆地发送出一波热气,并使阵阵苦艾、迷迭香和烤热岩石的芬芳飘了上来。梅尔索从床上察觉到了这份震撼和献礼,他睁开双眼,看到浩瀚呈弧形的大海,海面火红,满是天神的笑容。他赫然发现自己坐在床上,且露希妍的脸就在他自己的脸旁边。一颗石头仿佛从腹部开始,缓慢地一路往他的喉咙爬上来。他呼吸得愈来愈急促。它持续攀升。他望着露希妍。他毫无抽搐地微笑着,这笑容也是来自内在。他倒卧在床上,细细感受体内那股缓慢的涌起。他望着露希妍饱满的嘴唇,以及在她后方,那大地的笑容。他以相同的眼神、相同的欲望,凝望他们。

"再过一分钟,一秒钟。"他心想。那股涌起停止了。他成了众石子间的一颗石子,在内心的喜悦中,回归静止世界的真相。

图书在版编目（CIP）数据

快乐的死/(法) 加缪著；梁若瑜译. -- 上海：上海文艺出版社, 2019.1（2025.2重印）
ISBN 978-7-5321-6875-0

Ⅰ.①快… Ⅱ.①加… ②梁… Ⅲ.①长篇小说－法国－现代
Ⅳ.①I565.45

中国版本图书馆CIP数据核字(2018)第237389号

本书中文译稿由台湾城邦文化事业股份有限公司-麦田出版事业部授权使用，非经书面同意不得任意翻印、转载或以任何形式重制。
著作权合同登记图字：09-2014-991号

发 行 人：毕　胜
责任编辑：胡艳秋
封面设计：胡斌工作室

书　　名：快乐的死
作　　者：[法] 阿尔贝·加缪
译　　者：梁若瑜
出　　版：上海世纪出版集团　上海文艺出版社
地　　址：上海市闵行区号景路159弄A座2楼　201101
发　　行：上海文艺出版社发行中心
　　　　　上海市闵行区号景路159弄A座2楼206室　201101　www.ewen.co
印　　刷：上海盛通时代印刷有限公司
开　　本：850×1168 1/32
印　　张：4.75
插　　页：2
字　　数：80,000
印　　次：2019年1月第1版　2025年2月第10次印刷
Ｉ Ｓ Ｂ Ｎ：978-7-5321-6875-0/I·5484
定　　价：39.00元
告 读 者：如发现本书有质量问题请与印刷厂质量科联系　T：021-37910000